Las 8 fases del Yoga

BASADO EN LAS ENSEÑANZAS DE SU DIVINA GRACIA

A.C. BHAKTIVEDANTA SWAMI PRABHUPĀDA

FUNDADOR-*ĀCĀRYA* DE LA ASOCIACIÓN INTERNACIONAL PARA LA CONCIENCIA DE KRISHNA

THE BHAKTIVEDANTA BOOK TRUST

Para mayor información sobre The Bhaktivedanta Book Trust, visite
www.bbtlatino.org o envíe un email a info@bbtlatino.org

www.bbt.info
www.krishna.com

Queda hecho el depósito que marca la ley 11 723

ISBN: 978-987-1386-54-3
15 000 ejemplares
Impreso en India

ÍNDICE

Introducción 5

Capítulo 1
Nuestra libertad esencial 9

Capítulo 2
Aṣṭāṅga-yoga, El sistema de yoga en ocho pasos 19
Fase inicial del sistema óctuple del yoga *yama* y *niyama* 21
Las posturas (*āsanas*) y la respiración (*prāṇāyāma*) 33
Fase superior del sistema óctuple del yoga 41

Capítulo 3
La meditación *mantra-yoga* 55
El *mahā-mantra* Hare Krishna 57
Cómo cantar el mantra 59
Uso de la japa 61
Duración de una ronda 62
Horarios favorables para cantar 63
Significado de las palabras del *mahā-mantra* Hare Krishna 65

El autor 66
Nota acerca de las palabras sánscritas 69
Una cordial invitación 70

INTRODUCCIÓN

Queridos lectores, el sistema de yoga explicado en este libro nos muestra el sentido esencial y propósito de la vida humana desde el punto de vista de los *Vedas*. Basados en este conocimiento, proponemos un camino de cambio que les ayudará en todos los aspectos de su existencia: el físico, el intelectual, el mental y el espiritual.

Este conocimiento nos ayudará a mejorar tanto los hábitos alimenticios como los laborales, incluyendo el tema de las finanzas y cómo gestionarlas sin tanta ansiedad; a cuidar de nuestra salud y la de nuestra familia; y a mejorar nuestras relaciones sociales. Por otro lado, nos permitirá vincularnos mejor con la naturaleza, adquiriendo un sentido de cuidado y respeto a todo ser vivo, ya sea planta, animal o ser humano.

Los escritos de este libro pertenecen a Su Divina Gracia A. C. Bhaktivedanta Swami Prabhupāda, el maestro más fidedigno del yoga de esta era moderna. Él ha formado su editorial, The Bhaktivedanta Book Trust, y a través de esta, ha presentado más de 80 libros de la antiquísima ciencia espiritual védica. Entre dichos libros, el trabajo literario más grandioso que ha hecho para la humanidad es haber traducido y presentado en los idiomas más importantes del mundo el *Śrīmad-Bhāgavatam*, la enciclopedia de yoga.

En una sesión de esta enciclopedia de yoga espiritual o *bhakti-yoga*, se narra la aparición de Śrī Kapiladeva, la encarnación de Dios, quien ha dado las enseñanzas más perfectas acerca del yoga. Para beneficio del lector, algunos extractos de estas enseñanzas son presentadas en este libro.

En la actualidad, cuando la gente escucha la palabra yoga, generalmente la vincula con posturas y ejercicios de concentración y meditación que sirven para mejorar la calidad de vida. Casi todos los centros de yoga que existen en las ciudades modernas enseñan estos ejercicios, pero prácticamente ninguno explica el verdadero sentido del yoga.

En realidad yoga es una palabra del idioma sánscrito que viene de la raíz *yug*, que significa «unión» o vinculación, y tal como nosotros usamos esa raíz en la palabra conyugal para describir la «unión» entre dos personas en matrimonio, yoga hace alusión a la unión amorosa entre la personalidad espiritual superlativa (conocida como Kṛṣṇa o Dios) y nuestro ser espiritual.

Para entender la estructura de este libro es importante mencionar los ocho pasos de yoga del sistema conocido como *aṣṭāṅga*.

Los 8 pasos del *aṣṭāṅga-yoga* se pueden subdividir en dos fases:

La fase preliminar con 4 pasos y la fase superior con los restantes.

Fase preliminar:

1.- *Niyama* (recomendaciones): valores o hábitos morales, físicos y mentales favorables que se deben adoptar como normas de vida para avanzar en la vida religiosa.
2.- *Yama* (prohibiciones): valores o hábitos morales, físicos y mentales que arruinan nuestra vida.
3.- *Āsanas*: posturas físicas destinadas a preparar nuestra mente y cuerpo para meditar sin dispersión de ningún tipo.
4.- *Prāṇāyāma*: ejercicios de respiración destinados a regular nuestros pensamientos en pos de la meditación.

Fase superior:

1.- *Pratyāhāra*: adquirir perfecto control de los sentidos incluso hasta el punto de no comer ni respirar.
2.- *Dhāraṇā*: el inicio de la meditación.
3.- *Dhyāna*: la capacidad de tener largos períodos meditando en el Ser Supremo.

4.- *Samādhi*: tener la mente absorta completamente en el plano trascendental del amor por Dios.

Con la práctica de este sistema de ochos pasos, los *yogīs* de la antigüedad obtenían un progresivo bienestar espiritual, al mismo tiempo que se preparaban para despertar el amor espiritual por Dios.

Debido a nuestra mente tan agitada, este sistema de autorrealización (especialmente la última fase de este proceso) es casi imposible de poner en práctica para la gente de esta época. Por esa razón, en sus comentarios a estas enseñanzas, A. C. Bhaktivedanta Swami Prąbhupāda, nos explica cómo alcanzar los mismos objetivos que se alcanzan en cada paso del sistema óctuple por medio del *bhakti-yoga* o el yoga espiritual recomendado para esta era.

El sistema de *bhakti-yoga* es fácil de poner en práctica para cualquier persona, no importa cuales sean las condiciones de vida que tenga, y quien lo aplique en su vida cotidiana verá rápidamente una mejora en todos los aspectos de su vida.

Les deseamos pleno éxito en la lectura y aplicación de este libro.

Los editores

CAPÍTULO 1

NUESTRA LIBERTAD ESENCIAL

La libertad es algo deseado por todos y el mensaje del *Śrīmad-Bhāgavatam* en relación con esto es que, en esencia, podemos elegir nuestros proyectos de vida basados en la satisfacción egoísta concentrada o expandida (yo, mi familia y lo mío), o emprender los mismos proyectos de vida sin motivos egoístas y con el objetivo de desarrollar nuestra personalidad espiritual y nuestra relación con la Personalidad Espiritual Suprema o Dios (Kṛṣṇa).

Aunque muchos de nosotros pensamos que somos completamente libres de decidir sobre nuestra propia vida, la literatura védica nos indica que mientras no tengamos conocimiento de la ciencia espiritual estamos obligados a actuar conforme a nuestro condicionamiento en el mundo material.

La única manera de decidir realmente nuestro camino de vida es comprender que somos un ser espiritual eterno, diferente del cuerpo material.

A continuación, presentamos extractos de las enseñanzas de Kapiladeva, la encarnación del Ser Supremo que advino hace miles de años y que enseñó todo lo referente al yoga.

Estos extractos de la Escritura conocida como el *Śrīmad-Bhāgavatam*, nos hacen ver que existen dos grandes caminos: el material y el espiritual. Y nuestra libertad se remite a decidir cuál camino tomaremos. El *Śrīmad-Bhāgavatam* nos enseña de una manera directa y sencilla los conceptos filosóficos más profundos de la vida. Y con este conocimiento, el ser humano adquiere herramientas para decidir.

MANTRA

śrī-bhagavān uvāca
prakṛti-stho 'pi puruṣo
nājyate prākṛtair guṇaiḥ
avikārād akartṛtvān
nirguṇatvāj jalārkavat
(*Bhāg.* 3.27.1)

La Personalidad de Dios, Kapila, continuó: Cuando la entidad viviente, a pesar de morar en un cuerpo material, es inmutable y no pretende ningún tipo de propiedad, y debido a ello está libre de la influencia de las modalidades de la naturaleza material, no le afectan las reacciones de las modalidades, tal como al sol no le afecta su propio reflejo en el agua.

SIGNIFICADO: En el capítulo anterior, el Señor Kapiladeva estableció la conclusión de que el simple hecho de empezar a desempeñar servicio devocional nos permite obtener desapego y conocimiento trascendental para entender la ciencia de Dios. Aquí se confirma el mismo principio. La posición de la persona desapegada de las modalidades de la naturaleza material es como la del sol reflejado en el agua: ni los movimientos, ni el frío, ni la inestabilidad del agua pueden afectar al sol. Análogamente, *vāsudeve bhagavati bhakti-yogaḥ prayojitaḥ* (*Bhāg.* 1.2.7): Cuando alguien se ocupa por completo en las actividades del servicio devocional, *bhakti-yoga*, se vuelve como el sol reflejado en el agua. El devoto en realidad está en el mundo trascendental, aunque parezca estar en el mundo material. De la misma manera que el sol reflejado parece estar en el agua pero está a muchos millones de kilómetros de distancia, el que se ocupa en el proceso de *bhakti-yoga* es *nirguṇa*, está libre de la influencia de las cualidades de la naturaleza material.

Avikāra significa «sin cambio». En el *Bhagavad-gītā* se confirma que las entidades vivientes son partes integrales del Señor Supremo; por ello, su posición eterna es colaborar con Él, adaptando su energía al Señor Supremo. Esa es su posición inmutable. Pero tan pronto como emplean su energía y sus actividades en la complacencia de los sentidos, ese cambio en su posición se denomina *vikāra*. Por el contrario, si cuando están en el cuerpo material practican servicio devocional siguiendo las directrices del maestro espiritual, llegan a la posición en que no hay cambio, pues ese es su deber natural. Como se afirma en el *Śrīmad-Bhāgavatam*, liberación significa reintegración en la posición original propia. La posición original consiste en ofrecer servicio al Señor (*bhakti-yogena, bhaktyā*). Cuando nos desapegamos de la atracción por la materia y nos ocupamos por completo en servicio devocional, eso es inmutabilidad. *Akartṛtvāt* significa no hacer nada por complacer los sentidos. En las acciones que se hacen por cuenta propia, hay sentimiento de propiedad, y por lo tanto, reacción, pero cuando todo se hace para Kṛṣṇa, no hay sentimiento de propiedad sobre las acciones. Por medio de esa inmutabilidad y no reclamando propiedad sobre las actividades, podemos situarnos inmediatamente en la posición trascendental en que no nos afectan las modalidades de la naturaleza material, igual que al sol no le afecta el agua en la que se refleja.

MANTRA

sa eṣa yarhi prakṛter
guṇeṣv abhiviṣajjate
ahaṅkriyā-vimūḍhātmā
kartāsmīty abhimanyate
(*Bhāg.* 3.27.2)

Cuando el alma está bajo el hechizo de la naturaleza material y del ego falso, e identifica su ser con el cuerpo, se absorbe en actividades materiales, y por la influencia del ego falso, cree que es propietario de todo.

SIGNIFICADO: En realidad, el alma condicionada está obligada a actuar bajo el peso de las modalidades de la naturaleza material. La entidad viviente no tiene independencia. Es libre cuando se somete a los dictados de la Suprema Personalidad de Dios, pero cuando, bajo la impresión de que está satisfaciendo sus sentidos, se ocupa en actividades de complacencia sensorial, en realidad está bajo el hechizo de la naturaleza material. En el *Bhagavad-gītā* se dice, *prakṛteḥ kriyamāṇāni*: Cada uno actúa según las modalidades de la naturaleza específicas que ha adquirido. *Guṇa* se refiere a las cualidades de la naturaleza. Está bajo la influencia de las cualidades de la naturaleza, pero comete el error de creerse el propietario. Este erróneo sentimiento de propiedad puede evitarse con el simple hecho de ocuparse en servicio devocional bajo la dirección del Señor Supremo o de Su representante genuino. Arjuna, en el *Bhagavad-gītā*, estaba tratando de asumir personalmente la responsabilidad por las muertes de su abuelo y de su maestro en el combate, pero cuando actuó siguiendo la instrucción de Kṛṣṇa, se liberó de ese sentimiento de propiedad sobre la acción. Luchó, pero en realidad estaba liberado de las reacciones de la lucha, aunque al principio, cuando era no violento, cuando no estaba dispuesto a luchar, toda la responsabilidad recaía sobre sus hombros. Esa es la diferencia entre liberación y condicionamiento. Un alma condicionada puede ser muy buena y actuar bajo la influencia de la modalidad de la bondad, pero eso no quita que esté condicionada bajo el hechizo de la naturaleza material. El devoto, sin embargo, actúa siguiendo completamente el dictado del Señor Supremo. De esta manera, aunque sus acciones tal vez no le parezcan muy elevadas al hombre común, el devoto no es responsable por ellas.

MANTRA

tena saṁsāra-padavīm
avaśo 'bhyety anirvṛtaḥ
prāsaṅgikaiḥ karma-doṣaiḥ
sad-asan-miśra-yoniṣu
(*Bhāg.* 3.27.3)

En consecuencia, el alma condicionada transmigra a diversas especies de vida, superiores e inferiores, como resultado de su relación con las modalidades de la naturaleza material. A menos que se libere de las actividades materiales, tiene que aceptar esa posición debido a sus actividades imperfectas.

SIGNIFICADO: La palabra *karma-doṣaiḥ* que aparece en este verso significa «debido a acciones imperfectas». Esto se refiere a todas las actividades que se ejecutan en el mundo material —buenas y malas— pues todas están contaminadas por la relación con la materia y son imperfectas. Las necias almas condicionadas pueden creer que abriendo hospitales o instituciones caritativas dedicadas a la beneficencia o la educación materiales están ofreciendo caridad, pero no saben que toda obra de ese tipo también es imperfecta, porque no los liberará de la transmigración de un cuerpo a otro. Aquí se afirma claramente *sad-asan-miśra-yoniṣu.* Eso significa que las supuestas actividades piadosas del mundo material pueden llevarnos a nacer en una familia muy elevada o en los planetas superiores, entre los semidioses. Pero esas obras también son imperfectas, pues de ellas no se deriva la liberación. Nacer en un lugar paradisíaco o en una familia privilegiada no significa que se eviten las tribulaciones materiales, los sufrimientos del nacimiento, la muerte, la vejez y las enfermedades. El alma condicionada, bajo el hechizo de la naturaleza material, no puede entender que cualquier acción que ejecute buscando la complacencia de los sentidos es imperfecta, y que solamente las actividades ejecutadas como servicio devocional al Señor pueden liberarla de la reacción de las actividades imperfectas. Por no dejar esas actividades imperfectas, tiene que pasar por diversos cuerpos, unos más elevados, otros más bajos. Eso se denomina *saṁsāra-padavīm*, que significa «el mundo material, del cual no se puede escapar». Aquel que desee la liberación material tiene que dirigir sus actividades hacia el servicio devocional. No hay otra opción.

MANTRA

arthe hy avidyamāne 'pi
saṁsṛtir na nivartate
dhyāyato viṣayān asya
svapne 'narthāgamo yathā
(*Bhāg.* 3.27.4)

En realidad, la entidad viviente es trascendental a la existencia material, pero debido a su mentalidad de dominio sobre la naturaleza material, sigue en su condición material de existencia y, como en un sueño, se ve afectada por todo tipo de inconvenientes.

SIGNIFICADO: El ejemplo del sueño es muy adecuado. En razón de distintas condiciones mentales, en los sueños nos vemos expuestos a situaciones ventajosas o desventajosas. Algo parecido ocurre con el alma espiritual: no tiene nada que ver con la naturaleza material, pero por su mentalidad de dominarla, se ve sometido a la posición condicionada de existencia.

En este verso se explica la existencia condicionada como *dhyāyato viṣayān asya. Viṣaya* significa «objeto de disfrute». Mientras siga pensando que puede disfrutar de las cosas materiales, el alma continuará en la vida condicionada, pero tan pronto como recupere la cordura, comprenderá que no es el disfrutador, pues el único disfrutador es la Suprema Personalidad de Dios. Como se confirma en el *Bhagavad-gītā* (5.29), Él es el beneficiario de los resultados de todos los sacrificios y penitencias *(bhoktāraṁ yajña-tapasām)*, y el propietario de los tres mundos *(sarva-loka-maheśvaram)*. Él es el verdadero amigo de todas las entidades vivientes. Pero nosotros, en vez de dejar en manos de la Suprema Personalidad de Dios la propiedad, el disfrute y la posición de verdadero amigo de las entidades vivientes, pretendemos ser los propietarios, los disfrutadores y los amigos. Ejecutamos obras filantrópicas considerándonos los amigos de la sociedad humana. Puede que alguien se proclame como un gran activista en pro de la nación, el mejor amigo del pueblo y del país, pero en realidad, no puede ser el mejor amigo de todos. El único amigo es Kṛṣṇa. Uno debe tratar de elevar la conciencia del alma condicionada para que pueda entender que el verdadero amigo es Kṛṣṇa. Kṛṣṇa nunca engañará a aquel que se haya hecho amigo suyo, y le dará toda la ayuda que necesite. Despertar esa conciencia en el alma condicionada es el servicio más grande, y no el dárselas uno mismo de «el mejor amigo» de otra entidad viviente. El poder de la amistad es limitado. Aunque alguien pretenda ser amigo, no puede serlo ilimitadamente. Hay una cantidad ilimitada de entidades vivientes, y nuestros recursos son limitados; por lo tanto, no podemos ofrecer ningún provecho verdadero a la generalidad de la gente. El mejor servicio que podemos brindarles es despertar su conciencia de Kṛṣṇa, de manera que puedan saber que el disfrutador supremo, el propietario supremo y el amigo supremo es Kṛṣṇa. Entonces, el sueño ilusorio de enseñorearse de la naturaleza material se desvanecerá.

MANTRA

ata eva śanaiś cittaṁ
prasaktam asatāṁ pathi
bhakti-yogena tīvreṇa
viraktyā ca nayed vaśam
(*Bhāg.* 3.27.5)

El deber de toda alma condicionada es hacer que su conciencia contaminada, apegada ahora al disfrute material, se ocupe en servicio devocional con gran seriedad y con desapego. De este modo, su mente y su conciencia estarán completamente bajo control.

SIGNIFICADO: En este verso está muy bien explicado el proceso de liberación. La naturaleza material nos ha impuesto su condicionamiento porque nos consideramos el disfrutador, el propietario o el amigo de todas las entidades vivientes. Esa falsa creencia es el resultado de pensar en la posibilidad de disfrutar de los sentidos. Cuando alguien se considera el mejor amigo de sus compatriotas, de la sociedad o de la humanidad, y se ocupa en distintas actividades nacionalistas, filantrópicas y altruistas, no hace más que concentrarse intensamente en la complacencia de los sentidos. El supuesto líder nacionalista o humanista no sirve a la gente; solamente sirve a sus sentidos. Es un hecho. Pero esto no puede entenderlo el alma condicionada, pues está desconcertada debido al hechizo de la naturaleza material. Por consiguiente, lo que en este verso se recomienda es ocuparse con gran seriedad en el servicio devocional del Señor. Esto significa que no debemos considerarnos el propietario, el benefactor, el amigo o el disfrutador. Siempre debemos tener presente que el verdadero disfrutador es Kṛṣṇa, la Suprema Personalidad de Dios; ese es el principio básico del *bhakti-yoga*. Debemos estar firmemente convencidos de los tres principios siguientes: Kṛṣṇa es el propietario, Kṛṣṇa es el disfrutador y Kṛṣṇa es el amigo. Siempre debemos recordar esto. Y no solamente entenderlo nosotros mismos, sino tratar de convencer a otros y propagar el movimiento para la conciencia de Kṛṣṇa.

Cuando alguien se ocupa con seriedad en el servicio devocional del Señor, de modo natural en él desaparece la propensión a proclamar falsamente su señorío sobre la naturaleza material. Ese desapego se denomina *vairāgya*. En vez de estar absorto en el supuesto señorío material, se ocupa en el proceso de conciencia de Kṛṣṇa; eso es control de la conciencia. El proceso de yoga implica controlar los sentidos. *Yoga indriya-saṁyamaḥ*. Como los sentidos están siempre activos, hay que ocuparlos en actividades de servicio devocional, pues no es posible mantenerlos inactivos. Quien trate de impedir artificialmente la actividad de los sentidos, fracasará en su intento. Incluso el gran *yogī* Viśvāmitra, que trataba de controlar sus sentidos por medio del proceso de yoga, fue víctima de la belleza de Menakā. Hay muchos ejemplos como ese. Si la mente y la conciencia no están ocupadas por completo en servicio devocional, siempre cabe la posibilidad de que la mente se llene de deseos de complacencia de los sentidos.

Es muy significativo un punto concreto que se toca en este verso, cuando se dice *prasaktam asatāṁ pathi*: la atracción por *asat*, la existencia material temporal, está siempre en la mente. Como hemos estado en contacto con la naturaleza material desde tiempo inmemorial, nos hemos acostumbrado a estar apegados a la naturaleza material temporal. Hay que fijar la mente en los eternos pies de loto del Señor Supremo. *Sa vai manaḥ kṛṣṇa-padāravindayoḥ*. Hay que fijar la mente en los pies de loto de Kṛṣṇa, entonces todo irá muy bien. De este modo se recalca en este verso la seriedad del *bhakti-yoga*.

MANTRA

yamādibhir yoga-pathair
abhyasañ śraddhayānvitaḥ
mayi bhāvena satyena
mat-kathā-śravaṇena ca
(*Bhāg.* 3.27.6)

Hay que fortalecer la fe practicando el proceso de control del sistema de yoga, y hay que elevarse hasta el nivel de servicio devocional sin mezclas cantando y escuchando acerca de Mí.

SIGNIFICADO: En la práctica del yoga hay ocho etapas diferentes: *yama, niyama, āsana, prāṇāyāma, pratyāhāra, dhāraṇā, dhyāna* y *samādhi. Yama* y *niyama* significa practicar el proceso de control siguiendo regulaciones estrictas, y *āsana* se refiere a las posturas para sentarse. Esas prácticas nos ayudan a elevarnos al nivel de fe requerido en el servicio devocional. La práctica del yoga como ejercicio físico no es la meta final; la verdadera finalidad es concentrar la mente, controlarla y aprender a establecerse fielmente en el servicio devocional.

Bhāvena o *bhāva*, es un factor muy importante en la práctica del yoga o de cualquier proceso espiritual. *Bhāva* viene explicado en el *Bhagavad-gītā* (10.8), *budhā bhāva-samanvitāḥ*: Debemos estar absortos en pensamientos de amor por Kṛṣṇa. Aquel que sabe que Kṛṣṇa, la Suprema Personalidad de Dios, es la fuente de todo, y que todo emana de Él *(ahaṁ sarvasya prabhavaḥ)*, puede entender el aforismo del *Vedānta* que dice: *janmādy asya yataḥ* («la fuente original de todo»), y entonces puede absorberse en *bhāva*, el estado preliminar de amor por Dios.

En el *Bhakti-rasāmṛta-sindhu*, Rūpa Gosvāmī explica con todo lujo de detalles cómo se obtiene ese estado preliminar de amor por Dios, *bhāva*. Allí afirma que, en primer lugar, hay que tener fe firme, ser *śraddhayānvitaḥ*. La fe se obtiene con el control de los sentidos, bien sea por medio de la práctica de yoga, siguiendo las reglas y regulaciones y practicando las posturas para sentarse, o bien directamente con el *bhakti-yoga*, como se recomienda en el verso anterior. De los nueve aspectos distintos del *bhakti-yoga*, el primero y más importante es cantar y escuchar acerca del Señor. Eso se menciona aquí también. *Mat-kathā-śravaṇena ca*. Para llegar al nivel de fe requerido, pueden seguirse las reglas y regulaciones del sistema de yoga, o puede alcanzarse el mismo objetivo simplemente cantando y escuchando acerca de las actividades trascendentales del Señor. La palabra *ca* es significativa. El *bhakti-yoga* es directo y el otro proceso es indirecto. Pero si alguien emprende el proceso indirecto, no alcanzará el éxito si no llega a ocuparse por completo en el proceso directo de escuchar y cantar las glorias del Señor. Por lo tanto, en este verso se emplea la palabra *satyena*. Con respecto a esto, Svāmī Śrīdhara comenta que *satyena* significa *niṣkapaṭena*, «sin duplicidad». Los impersonalistas están llenos de duplicidad. A veces simulan ejecutar servicio devocional, pero en última instancia, su idea es volverse uno con el Supremo. Eso es duplicidad, *kapaṭa*. El *Bhāgavatam* no permite tal duplicidad. Al principio del *Śrīmad-Bhāgavatam* se afirma claramente, *paramo nirmatsarāṇām*: «Este tratado, el *Śrīmad-Bhāgavatam*, se dirige a los que están completamente libres de envidia». Aquí se subraya de nuevo el mismo punto. Quien no sea completamente fiel a la Suprema Personalidad de Dios y se ocupe en el proceso de escuchar y cantar las glorias del Señor, no tiene posibilidad de liberarse.

CAPÍTULO 2

AṢṬĀṄGA-YOGA, EL SISTEMA DE YOGA EN OCHO PASOS

A continuación, aprenderemos los ocho pasos del *aṣṭāṅga-yoga*, el sistema de yoga de la antigüedad. El logro del objetivo final por este sistema es muy difícil de alcanzar en esta era, por lo tanto A.C. Bhaktivedanta Swami Prabhupāda, el más distinguido maestro de yoga contemporáneo, nos explica cómo estas prácticas tienen su enseñanza paralela en el sistema *bhakti-yoga*, el cual es simple y fácil de aplicar para todos en esta era.

MANTRA

śrī-bhagavān uvāca
yogasya lakṣaṇaṁ vakṣye
sabījasya nṛpātmaje
mano yenaiva vidhinā
prasannaṁ yāti sat-patham
(*Bhāg.* 3.28.1)

La Suprema Personalidad de Dios dijo: Mi querida madre, ¡oh, hija del rey!, ahora te explicaré el sistema de yoga, que tiene por objeto la concentración de la mente. Quien practique este sistema

puede llegar a un estado de dicha y avanzar progresivamente hacia el sendero de la Verdad Absoluta.

SIGNIFICADO: El proceso de yoga que el Señor Kapiladeva explica en este capítulo es autorizado y marca la pauta a seguir. Por ello, estas instrucciones deben seguirse con gran esmero. Para empezar, el Señor dice que la práctica del yoga puede permitirnos progresar hacia la comprensión de la Verdad Absoluta, la Suprema Personalidad de Dios. En el capítulo anterior ha quedado bien claro que la obtención de maravillosos poderes místicos no es el resultado que se desea en el yoga. En lugar de sentir la menor atracción por esos poderes místicos, hay que alcanzar una iluminación progresiva en el sendero de la comprensión de la Suprema Personalidad de Dios. En el último verso del capítulo sexto del *Bhagavad-gītā* se confirma también que el *yogī* más elevado es el que siempre piensa en Kṛṣṇa dentro de su corazón, es decir, el que es consciente de Kṛṣṇa.

Aquí se afirma que quien siga el sistema de yoga, puede llenarse de dicha. El Señor Kapila, la Personalidad de Dios, que es la autoridad principal en yoga, explica aquí el sistema de *aṣṭāṅga-yoga*, que comprende prácticas de ocho tipos, a saber: *yama, niyama, āsana, prāṇāyāma, pratyāhāra, dhāraṇā, dhyāna* y *samādhi*. Estas fases de la práctica deben llevarnos a conocer al Señor Viṣṇu, que es el objetivo de todo yoga. Hay supuestas prácticas yóguicas en las que la mente se concentra en el vacío o en lo impersonal, pero el sistema de yoga autorizado que explica Kapiladeva no las aprueba. Incluso Patañjali explica que Viṣṇu es el objetivo de todo yoga. El *aṣṭāṅga-yoga*, por lo tanto, forma parte de las prácticas *vaiṣṇavas*, porque su meta final es conocer a Viṣṇu. El éxito en el yoga no es obtener poderes místicos, lo cual se condena en el capítulo anterior, sino, más bien, liberarnos de todas las designaciones materiales y situarnos en nuestra posición constitucional. Ese es el logro supremo en la práctica del yoga.

FASE INICIAL DEL SISTEMA ÓCTUPLE DEL YOGA

La primera fase del sistema óctuple de yoga tiene 4 pasos: *niyama* (cultivar hábitos favorables), *yama* (evitar malos hábitos), *āsanas* (posturas físicas) y *prāṇāyāma* (respiración).

YAMA Y *NIYAMA*

Las reglas y regulaciones son los pasos 1 y 2, dichas reglas tienen por objeto orientarnos hacia la práctica de una vida moral y ética en las finanzas, en las relaciones interpersonales, en la vida sexual, en la alimentación, etc., para lograr el cultivo de la modalidad de la bondad y la espiritualidad. Sin trabajar en ese proceso de observar nuestra conciencia y hábitos, la fase superior de meditación, será artificial y prácticamente imposible de alcanzar.

A continuación presentaremos algunos mantras que pertenecen a los capítulos 27 y 28 del Canto Tercero del *Śrīmad-Bhāgavatam*, estos nos dan dan consejos útiles para mejorar nuestra vida, nos ayudarán a vivir en armonía y nos prepararán para el sendero espiritual en su fase superior.

Consejos para el manejo de las relaciones
interpersonales y la vida sexual

MANTRA

sarva-bhūta-samatvena
nirvaireṇāprasaṅgataḥ
brahmacaryeṇa maunena
sva-dharmeṇa balīyasā
(*Bhāg.* 3.27.7)

El practicante de servicio devocional debe tener una visión ecuánime de todas las entidades vivientes, sin enemistad hacia nadie, pero también sin lazos íntimos de unión con nadie. Debe guardar celibato, ser grave y ejecutar sus actividades eternas, ofreciendo los resultados a la Suprema Personalidad de Dios.

SIGNIFICADO: El devoto de la Suprema Personalidad de Dios que se ocupa en servicio devocional con seriedad es ecuánime con todas las entidades vivientes. Las entidades vivientes se dividen en muchas especies, pero el devoto no ve la cubierta externa, sino el alma interna que habita en el cuerpo. El devoto no ve diferencias, porque todas las almas son partes integrales de la Suprema Personalidad de Dios. Esa es la visión del devoto erudito. Como se explica en el *Bhagavad-gītā*, el devoto o sabio erudito no ve ninguna diferencia entre un *brāhmaṇa* erudito, un perro, un elefante o una vaca, porque sabe que el cuerpo solo es la cubierta externa, y que el alma en realidad es parte integral del Señor Supremo. El devoto no es enemigo de ninguna entidad viviente, lo cual no significa que se relacione íntimamente con todos. Eso está prohibido. *Aprasaṅgataḥ* significa «no tener tratos íntimos con todos». El devoto está interesado en ejecutar servicio devocional, y por eso solamente debe tener intimidad con devotos, a fin de progresar hacia su objetivo. No tiene ningún motivo para relacionarse con otros, pues aunque no ve a nadie como enemigo, solo trata con personas que se ocupen en servicio devocional.

El devoto debe guardar voto de celibato, lo cual no implica estar absolutamente libre de la vida sexual; en el voto de celibato se permite también la satisfacción con la esposa. Lo mejor es evitar toda forma de vida sexual. Eso es preferible. De no poder ser así, el devoto puede casarse y vivir pacíficamente con una esposa siguiendo principios religiosos.

El devoto no debe hablar innecesariamente. Un devoto serio no tiene tiempo para hablar de tonterías. Siempre está ocupado en actividades conscientes de Kṛṣṇa. Cuando habla, habla de Kṛṣṇa. *Mauna* significa «silencio». No se trata de no hablar en absoluto; silencio significa no hablar de tonterías. El devoto debe ser muy entusiasta en hablar de Kṛṣṇa. Otro factor importante que aquí se explica es *sva-dharmeṇa*: su ocupación exclusiva es su ocupación eterna, es decir, actuar como servidor eterno del Señor, actuar con conciencia de Kṛṣṇa. La siguiente palabra, *balīyasā*, significa «ofrecer los resultados de todas las actividades a la Suprema Personalidad de Dios». El devoto no actúa para sí mismo en busca de complacencia de los sentidos. Todo lo que gana, todo lo que come y todo lo que hace, lo ofrece para satisfacción de la Suprema Personalidad de Dios.

Consejos para tener éxito espiritual en nuestro desarrollo económico sin desear la posición de otros

MANTRA

yadṛcchayopalabdhena
santuṣṭo mita-bhuṅ muniḥ
vivikta-śaraṇaḥ śānto
maitraḥ karuṇa ātmavān
(*Bhāg.* 3.27.8)

En cuestión de ingresos, el devoto debe estar satisfecho con lo que gane sin demasiado esfuerzo. No debe comer más de lo necesario. Debe vivir en un lugar apartado y siempre debe ser reflexivo, pacífico, amistoso, compasivo y autorrealizado.

SIGNIFICADO: Todo el que ha aceptado un cuerpo material tiene que trabajar o ganarse el sustento para mantener el cuerpo y sus necesidades. El devoto solo debe trabajar para ganar lo absolutamente necesario. Siempre debe estar satisfecho con esos ingresos, y no debe esforzarse por ganar más y más simplemente para acumular cosas innecesarias. En el estado de vida condicionada, una persona que no tiene dinero siempre está trabajando penosamente para ganar algo con objeto de enseñorearse de la naturaleza material. Kapiladeva nos enseña que no debemos hacer grandes esfuerzos por cosas que pueden venir de un modo natural, sin mayores trabajos. La palabra exacta que se emplea a este respecto, *yadṛcchayā*, significa que la felicidad y la aflicción que la entidad viviente va a experimentar en el cuerpo que ahora posee, le están predestinadas; esto recibe el nombre de «ley del karma». Es imposible que una persona pueda atesorar más dinero por el hecho de esforzarse en ello; si así fuese, prácticamente todos estarían al mismo nivel en cuestión de riquezas. En realidad, todos obtienen el lucro y las ganancias que tienen predestinados por el karma. Según la conclusión del *Bhāgavatam*, a veces, sin esforzarnos por ello, nos enfrentamos con condiciones de miseria o de peligro, y de la misma manera, sin el menor esfuerzo, podemos vernos en condiciones prósperas. El consejo que se nos da es que dejemos que estas cosas sucedan tal y como están predestinadas. Nuestro valioso tiempo debemos ocuparlo en el proceso de conciencia de Kṛṣṇa. En otras palabras, debemos sentirnos satisfechos en la situación que nos depare la naturaleza. Si por nuestro destino nos vemos en alguna condición de vida que no es muy próspera en comparación con la posición de otro, no debemos sentirnos mal. Simplemente, debemos tratar de emplear nuestro valioso tiempo en progresar en la senda de conciencia de Kṛṣṇa. Ese progreso no depende de ninguna condición de prosperidad o penuria materiales; está libre de las condiciones que nos impone la vida material. Un hombre muy pobre puede ejecutar actividades de conciencia de Kṛṣṇa con tanta efectividad como un hombre muy rico. Por lo tanto, debemos estar muy satisfechos con la posición que el Señor nos haya ofrecido.

Otra palabra de este verso es *mita-bhuk*; significa que solo hay que comer lo necesario para mantener el cuerpo y el alma unidos. No hay que ser glotón por satisfacer la lengua. Cereales, fruta, leche y alimentos de este tipo son los asignados para consumo del hombre. No hay que estar demasiado deseoso de satisfacer la lengua comiendo lo que no está destinado a la humanidad. Particularmente, el devoto solo debe comer *prasāda*, alimentos ofrecidos a la Personalidad de Dios. Su posición es aceptar los remanentes de esos alimentos. Se le ofrecen al Señor alimentos inocentes, como cereales, verduras, frutas, flores y productos lácteos, y por lo tanto, no hay la menor posibilidad de ofrecer alimentos que estén bajo la influencia de las modalidades de la pasión y la ignorancia.

El devoto no debe ser codicioso. También se recomienda que el devoto sea *muni*, reflexivo; siempre debe pensar en Kṛṣṇa y en cómo ofrecer un servicio mejor a la Suprema Personalidad de Dios. Esa debe ser su única ansiedad. Tal como un materialista siempre está pensando en cómo mejorar sus condiciones materiales, los pensamientos del devoto deben estar siempre centrados en mejorar su condición consciente de Kṛṣṇa; por lo tanto, debe ser un *muni*.

Lo siguiente que se recomienda es que el devoto viva en un lugar apartado. Por lo general, al hombre común lo que le interesa es el dinero, el progreso materialista en la vida, cosa que el devoto no necesita. Este debe escoger como residencia un lugar en el que todos estén interesados en el servicio devocional. Por esa razón, generalmente el devoto va a un lugar sagrado de peregrinaje en el que viven devotos. Se le recomienda que viva en un lugar donde no haya gran cantidad de hombres comunes. Vivir en un lugar apartado (*vivikta-śaraṇa*) es muy importante. Se habla después de *śanta*, paz. El devoto no debe agitarse. Debe estar satisfecho con sus ingresos naturales, comer solo lo que necesite para mantenerse sano, vivir en un lugar apartado y estar siempre sereno. En el proceso de conciencia de Kṛṣṇa se necesita paz mental.

Maitra, amistad: el devoto debe ser amistoso con todos, pero solo deber tener amistad íntima con devotos. Con los demás, debe ser formal. Puede decir: «Caballero, sí, tiene usted toda la razón», pero no tiene intimidad con ellos. Sin embargo, debe ser compasivo con las personas inocentes, que ni son ateas ni muy avanzadas en iluminación espiritual. Debe ser compasivo con ellas y enseñarles en la medida de lo posible a progresar en el cultivo de conciencia de Kṛṣṇa. El devoto siempre debe permanecer *ātmavān*, situado en su posición espiritual. No debe olvidar que su principal interés es hacer que aumente su conciencia espiritual, su conciencia de Kṛṣṇa, y no debe identificarse con el cuerpo o con la mente, movido por la ignorancia. *Ātmā* significa «el cuerpo» o «la mente», pero aquí la palabra *ātmavān* quiere decir en especial que debe ser dueño de si mismo. El devoto siempre debe mantenerse en el nivel de conciencia pura, entendiendo que es un alma espiritual, y no el cuerpo o la mente materiales. Eso lo hará progresar con confianza en el proceso de conciencia de Kṛṣṇa.

Consejos para liberarse del ego

MANTRA

sānubandhe ca dehe 'sminn
akurvann asad-āgraham
jñānena dṛṣṭa-tattvena
prakṛteḥ puruṣasya ca
(*Bhāg.* 3.27.9)

El devoto debe perfeccionar su visión mediante el conocimiento de la materia y del espíritu, y evitar identificarse innecesariamente con el cuerpo y, de este modo, verse atraído por las relaciones corporales.

SIGNIFICADO: Las almas condicionadas están deseosas de identificarse con el cuerpo y de considerar que el cuerpo «soy yo», y que todo lo relacionado con el cuerpo, las posesiones del cuerpo, es «mío». En sánscrito esto se llama *aham-mamatā*, y es la causa fundamental de toda la vida condicionada. Debemos ver las cosas como combinación de materia y espíritu. Debemos distinguir entre la naturaleza de la materia y la naturaleza del espíritu, e identificarnos con el espíritu, no con la materia. Mediante este conocimiento, debemos evitar el concepto corporal de la vida que es falso.

MANTRA

nivṛtta-buddhy-avasthāno
dūrī-bhūtānya-darśanaḥ
upalabhyātmanātmānaṁ
cakṣuṣevārkam ātma-dṛk
(*Bhāg.* 3.27.10)

Hay que establecerse en la posición trascendental, más allá de los estados de conciencia material, y separarse de cualquier otro

concepto de la vida. De este modo, liberándose del ego falso mediante la comprensión práctica, uno debe ver su propio ser tal como ve el sol en el cielo.

SIGNIFICADO: Bajo el concepto material de la vida, la conciencia actúa en tres estados. Cuando estamos despiertos, actúa de un modo determinado; cuando dormimos, actúa de un modo diferente; y en el sueño profundo actúa de otra manera. Para volvernos conscientes de Kṛṣṇa, tenemos que ser trascendentales a esos tres estados de conciencia. Nuestra conciencia actual debe liberarse de todas las percepciones de la vida que no sean conscientes de Kṛṣṇa, la Suprema Personalidad de Dios. Esto se denomina *dūrī-bhūtānya-darśanaḥ*, que significa que quien alcanza la conciencia de Kṛṣṇa perfecta no ve nada con excepción de Kṛṣṇa. En el *Caitanya-caritāmṛta* se dice que el devoto perfecto, aunque vea muchos objetos móviles e inmóviles, ve la energía de Kṛṣṇa actuando en todo. Tan pronto como recuerda la energía de Kṛṣṇa, inmediatamente recuerda a Kṛṣṇa en su forma personal. Por eso, en todas sus observaciones solo ve a Kṛṣṇa. En la *Brahma-saṁhitā* (5.38), se afirma que cuando los ojos están ungidos con amor por Kṛṣṇa (*premāñjana-cchurita*), siempre se ve a Kṛṣṇa, fuera y dentro. Esto se confirma aquí, hay que estar liberado de cualquier otra visión, con ello nos liberamos de la identificación falsa egoísta y nos vemos como el sirviente eterno del Señor. *Cakṣuṣevārkam*: tal como podemos ver el sol sin ninguna duda, el que ha llegado a la plenitud de conciencia de Kṛṣṇa ve a Kṛṣṇa y Su energía. Esa visión lo vuelve *ātma-dṛk*, autorrealizado. Cuando se elimina el ego falso de identificar el cuerpo con el ser, puede percibirse la visión verdadera de la vida. Los sentidos, como consecuencia, también se purifican. El verdadero servicio al Señor comienza cuando los sentidos se purifican. No hay que parar las actividades de los sentidos, pero hay que eliminar el ego falso de identificarse con el cuerpo. Entonces los sentidos se purifican automáticamente, y con los sentidos purificados se puede desempeñar servicio devocional.

Consejos para aceptar el trabajo que nos corresponde en la vida como medio de crecimiento y madurez

MANTRA

sva-dharmācaraṇaṁ śaktyā
vidharmāc ca nivartanam
daivāl labdhena santoṣa
ātmavic-caraṇārcanam
(*Bhāg.* 3.28.2)

El *yogī* debe ejecutar sus deberes prescritos lo mejor que pueda, y evitar los que no le correspondan. Debe estar satisfecho con las ganancias que obtenga por la gracia del Señor, y debe adorar los pies de loto de un maestro espiritual.

SIGNIFICADO: En este verso hay muchas palabras importantes que se podrían explicar de forma muy detallada, pero comentaremos brevemente los aspectos importantes de cada una. La afirmación final es *ātmavic-caraṇārcanam. Ātma-vit* significa «alma autorrealizada», o «maestro espiritual genuino». Nadie puede ser un maestro espiritual genuino sin estar autorrealizado y sin conocer su relación con la Superalma. Aquí se nos recomienda que busquemos un maestro espiritual genuino y que nos entreguemos a él *(arcanam)*, pues haciéndole preguntas y adorándole podemos aprender las actividades espirituales.

Lo primero que se recomienda es *sva-dharmācaraṇam*. Mientras tengamos un cuerpo material, tendremos una serie de deberes prescritos. Esos deberes se dividen según un sistema de cuatro órdenes sociales —*brāhmaṇa* (la seccion intelectual y educadora de la sociedad), *kṣatriya* (la seccion gobernante y administradora de la sociedad), *vaiśya* (la seccion mercantil y comerciante de la sociedad) y *śūdra* (la clase laboral o asistente)—, cuyos deberes particulares se mencionan en el *śāstra*, y específicamente, en el *Bhagavad-gītā*. *Sva-dharmācaraṇam* significa desempeñar fielmente y lo mejor posible los deberes que tengamos prescritos según la división particular de la sociedad a la que pertenezcamos. No hay que ejecutar el deber de otros. Si nacemos en una determinada sociedad o comunidad, debemos ejecutar los deberes que esa división en concreto tiene prescritos. Sin embargo, aquel que sea lo suficientemente afortunado como para trascender la designación de haber nacido en una determinada comunidad o sociedad, por haberse elevado al nivel espiritual de identidad, tiene un solo *sva-dharma*, un solo deber: servir a la Suprema Personalidad de Dios. Servir al Señor es el verdadero deber de la persona avanzada en el cultivo de conciencia de Kṛṣṇa. Quien esté influido por el concepto corporal de la vida puede seguir actuando conforme a los deberes sociales convencionales, pero aquel que se eleve al plano espiritual únicamente debe servir al Señor Supremo; esa es la verdadera ejecución de *sva-dharma*.

Consejos para no ser un religioso falso

MANTRA

grāmya-dharma-nivṛttiś ca
mokṣa-dharma-ratis tathā
mita-medhyādanaṁ śaśvad
vivikta-kṣema-sevanam
(*Bhāg.* 3.28.3)

Debe dejar de ejecutar prácticas religiosas convencionales y sentirse atraído por las que conducen a la salvación. Debe ser muy frugal en sus comidas y vivir siempre en un lugar apartado, a fin de poder alcanzar la perfección más elevada de la vida.

SIGNIFICADO: Aquí se recomienda evitar las prácticas religiosas que buscan el desarrollo económico o la satisfacción de los deseos de los sentidos. Las prácticas religiosas deben ejecutarse con el único fin de obtener la liberación de las garras de la naturaleza material. Al principio del *Śrīmad-Bhāgavatam* se afirma que la práctica religiosa suprema es aquella que, sin causa ni motivo, nos permite obtener el trascendental servicio devocional del Señor. No hay obstáculo que pueda impedirla, y brinda satisfacción verdadera a quien la ejecuta. En este verso se recomienda lo mismo; aquí se usa la palabra *mokṣa-dharma*: la práctica religiosa dirigida a la salvación, es decir, a trascender las garras de la contaminación material. Por lo general, las prácticas religiosas de la gente buscan el desarrollo económico o la complacencia de los sentidos, cosas no recomendadas para quienes deseen progresar en el yoga.

La siguiente frase importante es *mita-medhyādanam*. Significa que hay que ser muy frugal en las comidas. En las Escrituras védicas, al *yogī* se le recomienda que coma solo la mitad en proporción al hambre que tenga. Alguien que tenga tanta hambre como para devorar un kilo de comida, en vez de un kilo, debe comer medio, y completar su comida con un cuarto de litro de agua; una cuarta parte del estómago debe quedar vacía para facilitar la circulación del aire en el estómago. Quien coma conforme a esta medida, evitará la indigestión y la enfermedad. El *yogī* debe comer de este modo, como se recomienda en el *Śrīmad-Bhāgavatam* y en todas las demás Escrituras reconocidas. Debe vivir en un lugar apartado, donde su práctica de yoga no se vea perturbada.

Consejos para ser no violento y para no tomar más de lo que nos corresponde en la vida

MANTRA

ahiṁsā satyam asteyaṁ
yāvad-artha-parigrahaḥ
brahmacaryaṁ tapaḥ śaucaṁ
svādhyāyaḥ puruṣārcanam
(*Bhāg.* 3.28.4)

Debe practicar la no violencia y la veracidad, no debe robar, y debe estar satisfecho con poseer lo que necesite para su manutención. Debe abstenerse de la vida sexual, ejecutar austeridad, ser limpio, estudiar los *Vedas* y adorar la forma suprema de la Suprema Personalidad de Dios.

SIGNIFICADO: La palabra *puruṣārcanam* de este verso significa adorar a la Suprema Personalidad de Dios, especialmente la forma del Señor Kṛṣṇa. En el *Bhagavad-gītā*, Arjuna confirma que Kṛṣṇa es el *puruṣa* original, la Personalidad de Dios, *puruṣaṁ śāśvatam*. Por consiguiente, en la práctica del yoga no solamente hay que concentrar la mente en la persona de Kṛṣṇa; también hay que adorar diariamente la forma o Deidad de Kṛṣṇa.

El *brahmacārī* practica celibato controlando su vida sexual. No se puede disfrutar de una vida sexual irrestricta y practicar yoga; eso es no tener vergüenza. Supuestos *yogīs* anuncian que podemos seguir disfrutando como queramos y, al mismo tiempo, volvernos *yogīs*, pero eso está completamente desautorizado. Aquí se explica muy claramente que hay que guardar celibato. *Brahmacaryam* significa llevar una vida simple en relación con el Brahman, una vida completamente consciente de Kṛṣṇa. Los que son demasiado adictos a la vida sexual no pueden seguir las regulaciones que los volverán conscientes de Kṛṣṇa. La vida sexual debe limitarse a las personas casadas. La persona casada que restringe su vida sexual también recibe el nombre de *brahmacārī*.

La palabra *asteyam* también es muy importante para un *yogī*. *Asteyam* significa «abstenerse de robar». En el sentido más amplio, todo aquel que acumula más de lo que necesita es un ladrón. Según el comunismo espiritual, nadie puede poseer más de lo que necesita para su mantenimiento personal. Esa es la ley de la naturaleza. Cualquiera que acumule más dinero o más posesiones de las que necesita, es un ladrón, y el que simplemente acumula riquezas y no sacrifica ni adora a la Personalidad de Dios con ellas, es un gran ladrón.

Svādhyāyaḥ significa «leer las Escrituras védicas autorizadas». Incluso aquel que, sin ser consciente de Kṛṣṇa, practica el sistema de yoga, debe leer Escrituras védicas auténticas para entender. La ejecución del yoga no es suficiente por si sola. Narottama dāsa Ṭhākura, un gran devoto y *ācārya* de la *sampradāya gauḍīya-vaiṣṇava*, dice que todas las actividades espirituales deben entenderse en función de tres fuentes: las personas santas, las Escrituras auténticas y el maestro espiritual. Esas tres guías son muy importantes para progresar en la vida espiritual. El maestro espiritual recomienda obras fidedignas para la práctica del yoga del servicio devocional y, personalmente, basa todo lo que dice en referencias de las Escrituras. Por eso, para ejecutar yoga es necesario leer las Escrituras auténticas. Practicar yoga sin leer esas Escrituras no es más que una pérdida de tiempo.

LAS POSTURAS (*ĀSANAS*) Y LA RESPIRACIÓN (*PRĀṆĀYĀMA*)

Los pasos 3 y 4 son *āsanas* y *prāṇāyāma*, es decir, ejercicios físicos y respiración. El objetivo de esos pasos es preparar la mente para que deje de perturbarnos con pensamientos materiales egoístas y pueda fijarse en meditar en el Ser Supremo.

MANTRA

maunaṁ sad-āsana-jayaḥ
sthairyaṁ prāṇa-jayaḥ śanaiḥ
pratyāhāraś cendriyāṇāṁ
viṣayān manasā hṛdi
(*Bhāg.* 3.28.5)

[El *yogī*] Debe guardar voto de silencio, volverse constante por medio de la práctica de posturas de yoga, controlar la respiración del aire vital, retirar los sentidos de los objetos de los sentidos y, de este modo, concentrar la mente en el corazón.

SIGNIFICADO: Las prácticas yóguicas en general, y de *haṭha-yoga* en particular, no son fines en si mismas; son medios cuyo objetivo es adquirir constancia. Ante todo hay que ser capaz de sentarse correctamente, y entonces la mente y la atención tendrán la estabilidad suficiente como para practicar yoga. Hay que controlar gradualmente la circulación del aire vital; ese control permitirá retirar los sentidos de los objetos de los sentidos. En el verso anterior se afirma que hay que guardar celibato. El aspecto más importante del control de los sentidos es controlar la vida sexual. Eso se denomina *brahmacarya*. La práctica de las posturas de sentarse y el control del aire vital permite controlar los sentidos e impedir que se ocupen sin restricciones en disfrute sensorial.

MANTRA

sva-dhiṣṇyānām eka-deśe
manasā prāṇa-dhāraṇam

vaikuṇṭha-līlābhidhyānaṁ
samādhānaṁ tathātmanaḥ
(*Bhāg.* 3.28.6)

Fijar el aire vital y la mente en uno de los seis círculos de la circulación del aire vital en el cuerpo, concentrando de este modo la mente en los pasatiempos trascendentales de la Suprema Personalidad de Dios, se denomina *samādhi*, o *samādhāna*, de la mente.

SIGNIFICADO: En el cuerpo hay seis círculos de circulación del aire vital. El primero está dentro del estómago; el segundo, en la zona del corazón; el tercero, en la zona de los pulmones; el cuarto, sobre el paladar; el quinto, entre las cejas; y el sexto, el más elevado, encima del cerebro. Hay que fijar la mente y la circulación del aire vital, pensando entonces en los pasatiempos trascendentales del Señor Supremo. Nunca se dice que hay que concentrarse en el vacío o en lo impersonal. Se afirma claramente: *vaikuṇṭha-līlā*. *Līlā* significa «pasatiempos». ¿Qué posibilidad habría de pensar en esos pasatiempos si la Verdad Absoluta, la Personalidad de Dios, no tuviese actividades trascendentales? Esa concentración se puede conseguir por medio de los procesos del servicio devocional, cantando y escuchando acerca de los pasatiempos de la Suprema Personalidad de Dios. Como se explica en el *Śrīmad-Bhāgavatam*, el Señor aparece y desaparece en función de Sus relaciones con distintos devotos. Las Escrituras védicas contienen muchas narraciones de los pasatiempos del Señor, incluyendo la batalla de Kurukṣetra y relatos históricos acerca de la vida y enseñanzas de devotos como Prahlāda Mahārāja, Dhruva Mahārāja y Ambarīṣa Mahārāja. Solo necesitamos concentrar la mente en una de esas narraciones y absorbernos en pensar siempre en ella. Entonces estaremos en *samādhi*. El *samādhi* no es un estado artificial del cuerpo; es el estado que se alcanza cuando la mente está verdaderamente absorta en pensar en la Suprema Personalidad de Dios.

MANTRA

etair anyaiś ca pathibhir
mano duṣṭam asat-patham
buddhyā yuñjīta śanakair
jita-prāṇo hy atandritaḥ
(*Bhāg.* 3.28.7)

Siguiendo estos procesos, o cualquier otro proceso verdadero, debe controlar la mente, que está contaminada, desenfrenada y siempre se siente atraída por el disfrute material, y fijarla en pensar en la Suprema Personalidad de Dios.

SIGNIFICADO: *Etair anyaiś ca.* El proceso general de yoga supone guardar las reglas y regulaciones, practicar las posturas de sentarse, concentrar la mente en la circulación vital del aire y, entonces, pensar en los pasatiempos de la Suprema Personalidad de Dios en Vaikuṇṭha. Este es el proceso general de yoga. La misma concentración se puede conseguir mediante otros procesos recomendados, y por ello, *anyaiś ca*, también se pueden aplicar otros métodos. La cuestión esencial es refrenar la mente que está contaminada por la atracción de la materia, y concentrarla en la Suprema Personalidad de Dios. No se puede fijar en algo vacío o impersonal. Por este motivo, las supuestas prácticas yóguicas del nihilismo y el impersonalismo no se recomiendan en ningún *yoga-śāstra* reconocido. El verdadero *yogī* es el devoto, porque su mente está siempre concentrada en los pasatiempos del Señor Kṛṣṇa. Por consiguiente, el proceso de conciencia de Kṛṣṇa es el sistema de yoga más elevado.

MANTRA

śucau deśe pratiṣṭhāpya
vijitāsana āsanam
tasmin svasti samāsīna
ṛju-kāyaḥ samabhyaset
(*Bhāg.* 3.28.8)

Después de controlar la mente y las posturas de sentarse, debe extender un asiento en un lugar apartado y santificado, sentarse allí en una postura fácil, manteniendo el cuerpo derecho, y practicar el control del aliento.

SIGNIFICADO: Sentarse en una postura fácil se denomina *svasti samāsīnaḥ*. En las Escrituras del yoga se aconseja poner las plantas de los pies entre los muslos y los tobillos y sentarse derecho; esa postura ayudará a concentrar la mente en la Suprema Personalidad de Dios. Ese mismo proceso se recomienda en el capítulo sexto del *Bhagavad-gītā*. Otra indicación es sentarse en un lugar apartado y santificado. El asiento debe consistir en una piel de ciervo y hierba *kuśa*, cubiertos con algodón.

MANTRA

prāṇasya śodhayen mārgaṁ
pūra-kumbhaka-recakaiḥ
pratikūlena vā cittaṁ
yathā sthiram acañcalam
(*Bhāg.* 3.28.9)

El *yogī* debe despejar el paso del aire vital respirando de la siguiente manera: después de inhalar muy profundamente, debe retener el aliento y, finalmente, exhalar. O, invirtiendo el proceso, puede exhalar primero, sostener el aliento fuera y, finalmente, inhalar. Esto se hace para que la mente se estabilice y se libere de las perturbaciones externas.

SIGNIFICADO: Estos ejercicios respiratorios se ejecutan para controlar la mente y fijarla en la Suprema Personalidad de Dios. *Sa vai manaḥ kṛṣṇa-padāravindayoḥ*: el devoto Ambarīṣa Mahārāja tenía su mente fija en los pies de loto de Kṛṣṇa las veinticuatro horas del día. El proceso de conciencia de Kṛṣṇa consiste en cantar Hare Kṛṣṇa y escuchar el sonido atentamente, de modo que la mente quede fija en la vibración trascendental del nombre de Kṛṣṇa, que no es distinto de Kṛṣṇa en persona. El control de la mente, que es el verdadero objetivo del método prescrito de despejar el paso del aire vital, se obtiene de inmediato al fijar la mente directamente en los pies de loto de Kṛṣṇa. El sistema de *haṭha-yoga*, o sistema respiratorio, se recomienda especialmente a los que están muy absortos en el concepto corporal de la existencia, pero el que puede ejecutar el sencillo proceso de cantar Hare Kṛṣṇa, puede fijar la mente con mayor facilidad.

Para despejar el paso del aliento se recomiendan tres actividades: *pūraka, kumbhaka* y *recaka*. La inhalación se denomina *pūraka*; retener el aliento, *kumbhaka*; y la exhalación final, *recaka*. Estos procesos recomendados se pueden ejecutar también en el orden inverso: después de exhalar, se puede sostener el aire fuera por algún tiempo, y después, inhalar. Los nervios que llevan la inhalación y la exhalación se denominan técnicamente *iḍā* y *piṅgalā*. En definitiva, la finalidad que se persigue con la purificación de estos pasajes *iḍā* y *piṅgalā*, es desviar la mente del disfrute material. Como se afirma en el *Bhagavad-gītā*, la mente es tanto nuestra amiga como nuestra enemiga; su posición varía según el comportamiento de la entidad viviente. Si desviamos nuestra mente hacia pensamientos de disfrute material, se convierte en nuestra enemiga, y si la concentramos en los pies de loto de Kṛṣṇa, es una amiga. El objetivo que se alcanza mediante el sistema yóguico de *pūraka, kumbhaka* y *recaka,* mediante el sistema de fijar la mente en la vibración sonora de Kṛṣṇa o en la forma de Kṛṣṇa, es el mismo. En el *Bhagavad-gītā* (8.8) se dice que hay que practicar el ejercicio respiratorio *(abhyāsa-yoga-yuktena)*. En virtud de estos procesos de control, impedimos que la mente vague hacia pensamientos externos *(cetasā nānya-gāminā)*. Esto nos permite fijar la mente constantemente en la Suprema Personalidad de Dios y llegar a Él *(yāti)*.

Para las personas de esta era, la práctica del sistema de yoga de ejercicios y control de la respiración es muy difícil. Por consiguiente, el Señor Caitanya enseñó, *kīrtanīyaḥ sadā hariḥ*: debemos cantar siempre el santo nombre del Señor Supremo, Kṛṣṇa, pues Kṛṣṇa es el nombre más adecuado para la Suprema Personalidad de Dios. El nombre Kṛṣṇa y Kṛṣṇa, la Persona Suprema, no son distintos. Por eso, si concentramos la mente en escuchar y cantar Hare Kṛṣṇa, obtenemos el mismo resultado.

MANTRA

mano 'cirāt syād virajaṁ
jita-śvāsasya yoginaḥ
vāyv-agnibhyāṁ yathā lohaṁ
dhmātaṁ tyajati vai malam
(*Bhāg.* 3.28.10)

Los *yogīs* que practican esos ejercicios respiratorios se liberan muy pronto de todas las perturbaciones mentales, tal como el oro, que poniéndolo en el fuego y aventándolo, queda libre de toda impureza.

SIGNIFICADO: También el Señor Caitanya recomienda este proceso de purificar la mente; dice que hay que cantar Hare Kṛṣṇa, y añade, *paraṁ vijayate*: «¡Toda gloria al *saṅkīrtana* de Śrī Kṛṣṇa!». Se ofrece toda gloria al canto de los santos nombres de Kṛṣṇa porque, tan pronto se comienza este proceso de *saṅkīrtana*, la mente se purifica. *Ceto-darpaṇa-mārjanam*: el canto del santo nombre de Kṛṣṇa nos limpia de la suciedad que se acumula en la mente. Podemos purificar la mente bien sea con el proceso respiratorio o con el proceso de cantar, tal como se purifica el oro poniéndolo al fuego y aventándolo con un fuelle.

MANTRA

prāṇāyāmair dahed doṣān
dhāraṇābhiś ca kilbiṣān
pratyāhāreṇa saṁsargān
dhyānenānīśvarān guṇān
(*Bhāg.* 3.28.11)

Con la práctica del proceso de *prāṇāyāma*, el *yogī* puede eliminar la contaminación de su condición fisiológica, y concentrando la mente puede liberarse de todas las actividades pecaminosas. Para liberarse de la relación con la materia, debe refrenar los sentidos, y la meditación en la Suprema Personalidad de Dios puede liberarlo de las tres modalidades del apego material.

SIGNIFICADO: Según la ciencia médica del *Āyur-veda*, hay tres elementos, *kapha*, *pitta* y *vāyu* (flema, bilis y aire), que mantienen la condición fisiológica del cuerpo. La ciencia médica moderna no acepta la validez de este análisis fisiológico, pero estos tres elementos son la base del antiguo tratamiento ayur-védico. Este tratamiento atiende a la causa de los tres elementos, de los que en muchos pasajes del *Bhāgavatam* se dice que son las condiciones básicas del cuerpo. Aquí se recomienda la práctica del proceso respiratorio de *prāṇāyāma* como medio para liberarse de la contaminación creada por los elementos fisiológicos principales, la concentración de la mente como medio para liberarse de las actividades pecaminosas, y el control de los sentidos como medio para liberarse de la relación con la materia.

En última instancia, hay que meditar en la Suprema Personalidad de Dios para elevarse a la posición trascendental en que las tres modalidades de la naturaleza material dejan de afectarnos. En el *Bhagavad-gītā* se confirma también que quien se ocupa en servicio devocional sin mezclas se vuelve inmediatamente trascendental a las tres modalidades de la naturaleza material y comprende su identificación con Brahman. *Sa guṇān samatītyaitān brahma-bhūyāya kalpate*. Cada parte del sistema de yoga tiene su actividad paralela en el *bhakti-yoga*, pero en esta era la práctica del *bhakti-yoga* es más fácil. Lo que el Señor Caitanya introdujo no es una nueva interpretación. El *bhakti-yoga* es un proceso viable que comienza con cantar y escuchar. Tanto el *bhakti* como los demás yogas tienen como objetivo final a la Suprema Personalidad de Dios, pero uno es práctico y los demás son difíciles. Tenemos que purificar nuestra condición fisiológica mediante la concentración y el control de los sentidos; después podremos fijar la mente en la Suprema Personalidad de Dios. Eso se denomina *samādhi*.

FASE SUPERIOR DEL SISTEMA ÓCTUPLE DEL YOGA

Cuando ya se tiene cierto desarrollo de la fase preliminar del yoga lo siguiente es comenzar a meditar en Dios, en Su forma, Su mundo espiritual y en Sus pasatiempos.

Estas fases de meditación son progresivas. *Prathyahara* o el tener control de nuestros sentidos es el quinto paso; *dharana* es el sexto paso y es donde el *yogī* comienza a meditar; el séptimo paso es *dyāna*, en este nivel la meditacion se vuelve profunda; y en el octavo paso o *samādhi* se alcanza un estado de trance espiritual producto de la purificación profunda de la conciencia y donde el amor por Dios y los demás es un hecho irrevocable.

Ahora continuamos con la explicación que Śrī Kapiladeva, la encarnación del Supremo, nos da acerca de la fase superior y sus pasos progresivos.

MANTRA

yadā manaḥ svaṁ virajaṁ
yogena susamāhitam
kāṣṭhāṁ bhagavato dhyāyet
sva-nāsāgrāvalokanaḥ
(*Bhāg.* 3.28.12)

Cuando su mente se ha purificado perfectamente mediante esta práctica, debe concentrarse en la punta de la nariz, con los ojos entreabiertos, y debe ver la forma de la Suprema Personalidad de Dios.

SIGNIFICADO: Aquí se menciona claramente que hay que meditar en la expansión de Viṣṇu. La palabra *kāṣṭhām* se refiere a Paramātmā, la expansión de la expansión de Viṣṇu. *Bhagavataḥ* se refiere al Señor Viṣṇu, la Suprema Personalidad de Dios. El Dios Supremo es Kṛṣṇa;

de Él viene Baladeva, la primera expansión; de Baladeva vienen Saṅkarṣaṇa, Aniruddha y muchas otras formas; y a continuación aparecen los *puruṣa-avatāras*. Como se menciona en los versos anteriores *(puruṣārcanam)*, este *puruṣa* se representa como Paramātmā, la Superalma. En los siguientes versos se dará una descripción de esta Superalma, en quien debemos meditar. En este verso se afirma claramente que hay que meditar fijando la vista en la punta de la nariz y concentrando la mente en la expansión plenaria, o *kalā*, de Viṣṇu.

[En el texto original del *Śrīmad-Bhāgavatam* hay 21 mantras que hablan de la meditación en las formas espirituales, se han omitido en este compendio por tratarse de un libro introductorio a la práctica del *bhakti-yoga*].

MANTRA

evaṁ harau bhagavati pratilabdha-bhāvo
bhaktyā dravad-dhṛdaya utpulakaḥ pramodāt
autkaṇṭhya-bāṣpa-kalayā muhur ardyamānas
tac cāpi citta-baḍiśaṁ śanakair viyuṅkte
(*Bhāg.* 3.28.34)

Siguiendo este método, el *yogī* cultiva gradualmente amor puro por la Suprema Personalidad de Dios, Hari. A medida que progresa en el servicio devocional, el vello de su cuerpo se eriza debido al excesivo júbilo, y se baña constantemente en un torrente de lágrimas provocadas por el intenso amor. De modo gradual, incluso la mente, que utilizó como medio para atraer al Señor tal como se atrae a un pez con un anzuelo, se retrae de la actividad material.

SIGNIFICADO: Aquí se menciona claramente que la meditación, que es una actividad de la mente, no es el estado perfecto de *samādhi* o absorción. Al principio, se emplea la mente para atraer la forma de la Suprema Personalidad de Dios, pero en etapas superiores, valerse de la mente está fuera de lugar. El devoto se acostumbra a servir al

Señor Supremo con la purificación de sus sentidos. En otras palabras, los principios yóguicos de meditación son necesarios mientras no estemos situados en el plano del servicio devocional puro. La mente se utiliza para purificar los sentidos, pero cuando estos se han purificado por medio de la meditación, ya no hay necesidad de sentarse en un lugar y tratar de meditar en la forma del Señor. Nos habituamos de tal manera que de un modo espontáneo nos ocupamos en el servicio personal de Él. La etapa en que se obliga a la mente a meditar en la forma del Señor se denomina *nirbīja-yoga*, yoga inerte, pues el *yogī* no se ocupa espontáneamente en el servicio personal del Señor. Y estar pensando constantemente en Él, recibe el nombre de *sabīja-yoga*, yoga vivo. Tenemos que elevarnos al plano del yoga vivo.

Debemos ocuparnos en el servicio del Señor las veinticuatro horas del día, como se confirma en la *Brahma-saṁhitā*. La etapa de *premāñjana-cchurita* se puede alcanzar cuando se llega a sentir amor completo. Aquel que perfecciona por completo su amor por la Suprema Personalidad de Dios con servicio devocional, siempre Lo ve, incluso sin meditar en Su forma de un modo artificial. Su visión es divina, pues no tiene ninguna otra ocupación. En ese nivel de autorrealización, no es necesario ocupar la mente de modo artificial. Como la meditación que se recomienda en las etapas inferiores es un medio de llegar al plano del servicio devocional, los que ya están ocupados en el servicio amoroso trascendental del Señor están por encima de esa meditación. Esa etapa de perfección es el estado de conciencia de Kṛṣṇa.

MANTRA

muktāśrayaṁ yarhi nirviṣayaṁ viraktaṁ
nirvāṇam ṛcchati manaḥ sahasā yathārciḥ
ātmānam atra puruṣo 'vyavadhānam ekam
anvīkṣate pratinivṛtta-guṇa-pravāhaḥ
(*Bhāg.* 3.28.35)

Cuando la mente, de este modo, se libera por completo de la contaminación material y se desapega de los objetivos materiales,

es como la llama de una lámpara. En ese momento, está verdaderamente ajustada a la mente del Señor Supremo y se puede percibir que es una con Él, porque está libre del flujo interactivo de las cualidades materiales.

SIGNIFICADO: En el mundo material, las actividades de la mente son aceptar y rechazar. Mientras la mente esté bajo la influencia de la conciencia material, debe ser entrenada por la fuerza a aceptar la meditación en la Suprema Personalidad de Dios, pero cuando nos elevamos al plano de amar realmente al Señor Supremo, la mente se absorbe de forma automática en pensar en Él. En esa posición, el *yogī* no piensa en nada más que en servir al Señor. Este amoldar la mente a los deseos de la Suprema Personalidad de Dios se denomina *nirvāṇa*, es decir, hacer que la mente sea una con el Señor Supremo.

El mejor ejemplo de *nirvāṇa* se cita en el *Bhagavad-gītā*. Al principio, la mente de Arjuna se desvió de la mente de Kṛṣṇa. Kṛṣṇa quería que Arjuna luchase, pero Arjuna no quería; no estaban de acuerdo. Pero después de escuchar el *Bhagavad-gītā* de labios de la Suprema Personalidad de Dios, Arjuna amoldó su mente al deseo de Kṛṣṇa. Eso se denomina unidad. Pero esa unidad no hizo que Arjuna y Kṛṣṇa perdieran sus respectivas individualidades. Esto no lo pueden entender los filósofos *māyāvādīs*. Creen que la unidad implica pérdida de individualidad. En realidad, sin embargo, el *Bhagavad-gītā* nos muestra que la individualidad no se pierde. Cuando la mente está completamente purificada e inmersa en el amor por Dios, se convierte en la mente de la Suprema Personalidad de Dios. En ese entonces, la mente no actúa por separado, ni actúa sin la inspiración de cumplir el deseo del Señor. El alma individual liberada no tiene ninguna otra actividad. *Pratinivṛtta-guṇa-pravāhaḥ*. En el estado condicionado, la mente siempre se ocupa en actividades, impulsada por las tres modalidades del mundo material, pero en el estado trascendental, la modalidades materiales no pueden perturbar la mente del devoto. Al devoto no le interesa nada aparte de satisfacer los deseos del Señor, lo cual es el estado más elevado de perfección, que se denomina *nirvāṇa* o *nirvāṇa-mukti*. En esa etapa, la mente se libera por completo del deseo material.

Yathārciḥ. *Arciḥ* significa «llama». Cuando una lámpara se rompe o se le termina el aceite, vemos que su llama se apaga. Pero según la comprensión científica, la llama no se extingue, se conserva. Eso es la conservación de la energía. De la misma manera, cuando la mente deja de funcionar en el plano material, se conserva en las actividades del Señor Supremo. Aquí se explica el concepto de los filósofos *māyāvādīs* acerca del cese de las funciones de la mente: el cese de las funciones de la mente significa el cese de las actividades producidas bajo la influencia de las tres modalidades de la naturaleza material.

MANTRA

so 'py etayā caramayā manaso nivṛttyā
tasmin mahimny avasitaḥ sukha-duḥkha-bāhye
hetutvam apy asati kartari duḥkhayor yat
svātman vidhatta upalabdha-parātma-kāṣṭhaḥ
(*Bhāg*. 3.28.36)

De este modo, la mente que ha llegado a la etapa trascendental más elevada se aparta de las reacciones materiales y se sitúa en su propia gloria, trascendental a todos los conceptos materiales de felicidad y aflicción. El *yogī* comprende entonces la verdad de su relación con la Suprema Personalidad de Dios. Descubre que el placer y el dolor, junto con sus interacciones, que él atribuía a su propio ser, en realidad se deben al ego falso, que es producto de la ignorancia.

SIGNIFICADO: El olvido de la relación que nos une con la Suprema Personalidad de Dios es producto de la ignorancia. Esa ignorancia —pensar que somos independientes del Señor Supremo— se puede disipar mediante la práctica del yoga. En realidad, una relación de amor nos une eternamente al Señor. La posición natural de la entidad viviente es ofrecerle servicio amoroso trascendental. El olvido de esa dulce relación recibe el nombre de ignorancia; bajo su influencia, las tres modalidades de la naturaleza nos empujan a creer que somos el disfrutador. Cuando la mente del devoto está purificada y él entiende que debe acomodarla a los deseos de la Suprema Personalidad de Dios, alcanza la etapa trascendental perfecta, que está por encima de la percepción de la felicidad y la aflicción materiales.

Actuando por nuestra propia cuenta nos exponemos a todas las percepciones materiales de lo que se conoce como felicidad y aflicción. En realidad, la felicidad no existe. La felicidad y la aflicción que resultan de las actividades materiales son invenciones de la mente, tan falsas como la felicidad que obtiene un loco de sus actividades. En realidad, todo es aflicción.

Cuando la mente se acomoda a actuar de acuerdo con el deseo del Señor, se alcanza la etapa trascendental. El deseo de ser el amo de la naturaleza material es la causa de la ignorancia; cuando ese deseo se extingue por completo y todos los deseos se ajustan con los del Señor Supremo, se alcanza la etapa de perfección. *Upalabdha-parātma-kāṣṭhaḥ. Upalabdha* significa «comprensión», lo cual indica, necesariamente, individualidad. En la etapa perfecta y liberada hay verdadera comprensión. *Nivṛttyā* significa que la entidad viviente conserva su individualidad; unidad significa que experimenta la felicidad en la felicidad del Señor Supremo. En el Señor Supremo solamente hay felicidad. *Ānandamayo 'bhyāsāt*: El Señor, por naturaleza, está lleno de felicidad trascendental. En la etapa liberada, la unidad con el Señor Supremo significa no conocer nada más que felicidad. Pero el individuo sigue existiendo; de no ser así, no se habría empleado la palabra *upalabdha*, que indica comprensión individual de la felicidad trascendental.

MANTRA

dehaṁ ca taṁ na caramaḥ sthitam utthitaṁ vā
siddho vipaśyati yato 'dhyagamat svarūpam
daivād upetam atha daiva-vaśād apetaṁ
vāso yathā parikṛtaṁ madirā-madāndhaḥ
(*Bhāg.* 3.28.37)

Habiendo recuperado su verdadera identidad, el alma perfectamente iluminada no es consciente de los movimientos y actividades del

cuerpo material, tal como una persona ebria no puede entender si está vestida o no.

SIGNIFICADO: Rūpa Gosvāmī, en el *Bhakti-rasāmṛta-sindhu*, explica ese estado. La persona cuya mente se ajusta por completo al deseo de la Suprema Personalidad de Dios y se ocupa en el servicio del Señor al cien por ciento, se olvida de las necesidades de su cuerpo material.

MANTRA

deho 'pi daiva-vaśagaḥ khalu karma yāvat
svārambhakaṁ pratisamīkṣata eva sāsuḥ
taṁ sa-prapañcam adhirūḍha-samādhi-yogaḥ
svāpnaṁ punar na bhajate pratibuddha-vastuḥ
(*Bhāg.* 3.28.38)

La Suprema Personalidad de Dios se hace cargo del cuerpo y los sentidos del *yogī* liberado, cuyas funciones prosiguen hasta que las actividades que tenía destinadas llegan a su fin. El devoto liberado, consciente de su posición constitucional y por ello situado en *samādhi*, la etapa más perfecta del yoga, no acepta como suyos los subproductos del cuerpo material. De este modo, considera que sus actividades físicas son como las actividades de un cuerpo en un sueño.

SIGNIFICADO: Podrían plantearse las siguientes preguntas: ¿Por qué las actividades del cuerpo no afectan al alma liberada, si esta sigue en contacto con él? ¿No se contamina con la acción y reacción de las actividades materiales? Como respuesta a estas preguntas, el verso explica que del cuerpo material del alma liberada se hace cargo la Suprema Personalidad de Dios. Actúa, pero no por la fuerza de la entidad viviente; actúa simplemente como reacción a actividades pasadas. Después de desenchufado, un ventilador todavía se mueve durante un tiempo. Ese movimiento no se debe a la corriente eléctrica, sino que es la continuación de los últimos giros; de la misma manera, el alma liberada parece actuar como un hombre corriente, pero sus acciones deben considerarse la continuación de actividades pasadas. En sueños, podemos vernos a nosotros mismos expandidos en muchos cuerpos, pero cuando despertamos, podemos entender que todos esos cuerpos eran falsos. De la misma manera, a pesar de que su cuerpo tiene subproductos —esposa, hijos, casa, etc.—, el alma liberada no se identifica con esas expansiones del cuerpo. Sabe que todo ello es producto del sueño material. El cuerpo denso está hecho de los elementos densos de la materia, y el cuerpo sutil está hecho de mente, inteligencia, ego y conciencia contaminada. Si podemos aceptar que el cuerpo sutil de los sueños es falso y no nos identificamos con él, ciertamente entonces una persona despierta no necesita identificarse con el cuerpo denso. Tal como el que está despierto no tiene relación con las actividades del cuerpo que recibió en sueños, un alma despierta, un alma liberada, no tiene relación con las actividades de su cuerpo actual. En otras palabras, como conoce bien su posición constitucional, nunca asume el concepto corporal de la vida.

MANTRA

yathā putrāc ca vittāc ca
pṛthaṅ martyaḥ pratīyate
apy ātmatvenābhimatād
dehādeḥ puruṣas tathā
(*Bhāg.* 3.28.39)

Debido a un gran afecto por la familia y las riquezas, aceptamos como nuestros unos hijos y algún dinero, y debido al afecto que sentimos por el cuerpo material, creemos que es nuestro. Pero en realidad, tal como podemos entender que la familia y las riquezas son diferentes de nosotros, el alma liberada puede entender que ella y su cuerpo no son lo mismo.

SIGNIFICADO: En este verso se explica el nivel de verdadero conocimiento. Niños hay muchos, pero nosotros aceptamos a algunos como hijos nuestros por el afecto que les tenemos, aunque sabemos muy bien que esos niños son diferentes de nosotros. De manera similar, el gran afecto que sentimos por el dinero nos hace aceptar como nuestro cierto capital depositado en el banco. Análogamente, por afecto, proclamamos que el cuerpo es nuestro. Yo digo que este es «mi» cuerpo. Entonces extiendo ese concepto posesivo y digo: «es mi mano, es mi pierna», y sigo: «es mi cuenta corriente, es mi hijo, es mi hija». Pero en realidad, sé que el hijo y el dinero son distintos de mí. Lo mismo ocurre con el cuerpo: yo estoy aparte de mi cuerpo. Es una cuestión de comprensión, y la comprensión correcta se denomina *pratibuddha*. Si obtenemos conocimiento relacionado con el servicio devocional, es decir, con el proceso de conciencia de Kṛṣṇa, podemos volvernos almas liberadas.

MANTRA

yatholmukād visphuliṅgād
dhūmād vāpi sva-sambhavāt
apy ātmatvenābhimatād
yathāgniḥ pṛthag ulmukāt
(*Bhāg.* 3.28.40)

El fuego ardiente es distinto de las llamas, de las chispas y del humo, aunque todos ellos están estrechamente relacionados porque nacen de la misma leña encendida.

SIGNIFICADO: Siendo partes integrales del fuego, la leña ardiendo, las chispas, el humo y las llamas no pueden existir por separado; a pesar de ello, son distintos entre si. La persona poco inteligente considera que el humo es fuego, aunque el humo y el fuego son completamente distintos. El calor y la luz del fuego son cosas distintas, aunque no podamos diferenciar el fuego del calor y la luz.

MANTRA

bhūtendriyāntaḥ-karaṇāt
pradhānāj jīva-saṁjñitāt

ātmā tathā pṛthag draṣṭā
bhagavān brahma-saṁjñitaḥ
(*Bhāg.* 3.28.41)

La Suprema Personalidad de Dios, que recibe el nombre de Parambrahma, es el observador. Él es diferente del alma *jīva* —la entidad viviente individual—, la cual se encuentra combinada con los sentidos, los cinco elementos y la conciencia.

SIGNIFICADO: Con esto se da un concepto claro del todo completo. La entidad viviente es diferente de los elementos materiales, y a su vez, la entidad viviente suprema, la Personalidad de Dios, que es el creador de los elementos materiales, es diferente de la entidad viviente individual. Esta es la filosofía de *acintya-bhedābheda-tattva* presentada por el Señor Caitanya. Todo es uno con lo demás y, al mismo tiempo, diferente. La manifestación cósmica, que el Señor Supremo creó por medio de Su energía material, también es diferente, y al mismo tiempo, no diferente de Él. No hay diferencia entre el Señor Supremo y la energía material, pero al mismo tiempo, son diferentes, pues la energía actúa de manera diferente. Lo mismo ocurre con la entidad viviente individual, que es una con el Señor Supremo y diferente de Él. Esta filosofía, «uno y diferente al mismo tiempo», es la conclusión perfecta de la escuela *Bhāgavata*, como Kapiladeva confirma en este verso.

Se compara a las entidades vivientes con las chispas del fuego. Como se afirmó en el verso anterior, el fuego, las llamas, el humo y la leña se combinan juntos. Y este verso habla de la combinación de la entidad viviente, los elementos materiales y la Suprema Personalidad de Dios. La posición de las entidades vivientes es exactamente como la de las chispas del fuego: ambas son partes integrales. La energía material se compara con el humo. El fuego también es parte integral del Señor Supremo. En el *Viṣṇu Purāṇa* se dice que todo lo que vemos y percibimos, tanto en el mundo material como en el mundo espiritual, es la expansión de las distintas energías del Señor Supremo. Tal como el fuego difunde luz y calor desde un lugar, la Suprema Personalidad de Dios difunde Sus diversas energías por toda la creación.

Los cuatro principios de la doctrina filosófica *vaiṣṇava* son: *śuddha-advaita* (unidad purificada), *dvaita-advaita* (unidad y diferencia simultáneas), *viśiṣṭa-advaita* y *dvaita*. Estos cuatro principios de la filosofía *vaiṣṇava* se basan en la tesis del *Śrīmad-Bhāgavatam* que se explica en estos dos versos.

MANTRA

sarva-bhūteṣu cātmānaṁ
sarva-bhūtāni cātmani
īkṣetānanya-bhāvena
bhūteṣv iva tad-ātmatām
(*Bhāg.* 3.28.42)

Un *yogī* debe ver a la misma alma en todas las manifestaciones, pues todo lo que existe es manifestación de las diversas energías del Supremo. De este modo, la visión del devoto no debe hacer diferencias entre las entidades vivientes. Quien así ve, comprende al Alma Suprema.

SIGNIFICADO: Como se afirma en la *Brahma-saṁhitā*, el alma suprema no solo entra en todos los universos, sino incluso en los átomos. El Alma Suprema está en todas partes en estado latente; aquel que puede percibir su presencia en todas partes se libera de las designaciones materiales.

La palabra *sarva-bhūteṣu* debe entenderse de la siguiente manera, hay cuatro clases de especies: las entidades vivientes que brotan de la tierra, las que nacen de fermentaciones o germinaciones, las que nacen de huevos y las que nacen de embriones. Estas cuatro clases de entidades vivientes se distribuyen en 8 400 000 especies de vida. La persona que está libre de las designaciones materiales puede ver un espíritu de idéntica naturaleza en todas partes y en todas las entidades vivientes manifestadas. Los hombres poco inteligentes creen que las plantas y la hierba brotan de la tierra automáticamente, pero el que tiene verdadera inteligencia y ha comprendido el ser puede ver que ese crecimiento no es automático; su causa es el alma, que bajo condiciones distintas nace con cuerpos materiales en distintas formas. En los laboratorios nacen muchos gérmenes por fermentación, pero eso se debe a la presencia del alma. El científico materialista cree que los huevos no tienen vida, pero eso no es cierto. Las Escrituras védicas nos permiten entender que las diversas formas de las entidades vivientes se generan bajo condiciones diferentes. Las aves son el resultado de la evolución de los huevos, y los seres humanos y los mamíferos nacen de embriones. La visión perfecta del *yogī* y del devoto consiste en ver la presencia de la entidad viviente en todas partes.

MANTRA

sva-yoniṣu yathā jyotir
ekaṁ nānā pratīyate
yonīnāṁ guṇa-vaiṣamyāt
tathātmā prakṛtau sthitaḥ
(*Bhāg.* 3.28.43)

Tal como el fuego se manifiesta en maderas de formas distintas, también el alma espiritual pura, bajo diferentes condiciones de la naturaleza material, se manifiesta en cuerpos diferentes.

SIGNIFICADO: Hay que entender que el cuerpo es una designación. *Prakṛti* es una interacción de las tres modalidades de la naturaleza material, y conforme a esas modalidades, unos tienen cuerpos pequeños, y otros, cuerpos muy grandes. Por ejemplo, en un trozo de madera grande, el fuego parece muy grande, y en una astilla parece pequeño. En realidad, el fuego es el mismo en todas partes, pero la naturaleza material se manifiesta de tal forma que el fuego parece más o menos grande según el combustible. De manera similar, el alma del cuerpo universal es diferente del alma que está en un cuerpo más pequeño, aunque es de la misma naturaleza.

Las pequeñas partículas de alma son como chispas del alma mayor. El alma más grande es la Superalma; cuantitativamente es distinta del alma pequeña. En las Escrituras védicas se explica que la Superalma es quien abastece al alma pequeña de todo lo que necesita *(nityo nityānām)*. El que entiende esta diferencia entre la Superalma y el alma individual está por encima de la lamentación y vive en paz. Cuando el alma pequeña se cree cuantitativamente tan grande como el alma más grande, está bajo el hechizo de *māyā*, pues esa no es su posición constitucional. La simple especulación mental no convierte a nadie en el alma más grande.

La pequeñez o la grandeza de las almas se explica en el *Varāha Purāṇa* como *svāṁśa-vibhinnāṁśa*. El alma *svāṁśa* es la Suprema Personalidad de Dios, y las almas *vibhinnāṁśa*, las partículas pequeñas, son partículas pequeñas eternamente, como se confirma en el *Bhagavad-gītā* (*mamaivāṁśo jīva-loke jīva-bhūtaḥ sanātanaḥ*). Las pequeñas entidades vivientes son eternamente partes integrales, y por lo tanto, nunca pueden ser tan grandes cuantitativamente como la Superalma.

MANTRA

tasmād imāṁ svāṁ prakṛtiṁ
daivīṁ sad-asad-ātmikām
durvibhāvyāṁ parābhāvya
svarūpeṇāvatiṣṭhate
(*Bhāg.* 3.28.44)

De esta manera, el *yogī* puede alcanzar la autorrealización después de conquistar el insuperable hechizo de *māyā*, que se presenta a la vez como la causa y el efecto de la manifestación material y que, por ello, es muy difícil de entender.

SIGNIFICADO: En el *Bhagavad-gītā* se afirma que el hechizo de *māyā*, que cubre el conocimiento de la entidad viviente, es insuperable. Sin embargo, el que se entrega a Kṛṣṇa, la Suprema Personalidad de Dios, puede conquistar ese hechizo de *māyā*, en apariencia insuperable. Aquí también se afirma que la *daivī prakṛti*, es decir, la energía externa del Señor Supremo, es *durvibhāvyā*, muy difícil de entender y de conquistar. Pero, sin embargo, hay que conquistar ese insuperable hechizo de *māyā*; esto puede hacerse, por la gracia del Señor, cuando Dios se revela al alma entregada. Aquí también se afirma *svarūpeṇāvatiṣṭhate*. *Svarūpa* significa que tenemos que saber que no somos el Alma Suprema, sino Sus partes integrales; eso es autorrealización. La creencia falsa de que somos el Alma Suprema y que somos omnipresentes no es *svarūpa*. Eso no es entender nuestra verdadera posición. La realidad es que somos partes integrales. Aquí se nos recomienda permanecer en esa posición de verdadera autorrealización. Este conocimiento se define en el *Bhagavad-gītā* como comprensión del Brahman.

Después de comprender el Brahman, podemos ocuparnos en las actividades del Brahman. Mientras no estemos autorrealizados, nos ocuparemos en actividades basadas en la errónea identificación con el cuerpo. Las actividades en el plano de la comprensión del Brahman comienzan cuando nos situamos en nuestro verdadero ser. Los filósofos *māyāvādīs* dicen que después de comprender el Brahman, toda actividad desaparece, pero eso no es cierto. Si el alma es tan activa en una condición anormal, existiendo bajo la cubierta de la materia, ¿cómo podemos negar su actividad cuando está libre? Podemos citar un ejemplo: si un hombre que está enfermo es muy activo, ¿cómo podemos imaginar que cuando se libere de la enfermedad estará inactivo? Naturalmente, la conclusión es que cuando se cure de la enfermedad, sus actividades serán puras. Puede decirse que las actividades en el plano de la comprensión del Brahman son distintas de las que se ejecutan en la vida condicionada, pero no por ello se detiene la actividad. Esto se indica en el *Bhagavad-gītā* (18.54): el servicio devocional comienza después de que entendemos que somos Brahman. *Mad-bhaktiṁ labhate parām*: después de comprender el Brahman, podemos ocuparnos en el servicio devocional del Señor. Por consiguiente, el servicio devocional es actividad en el plano de la comprensión del Brahman.

Para los que se ocupan en servicio devocional, el hechizo de *māyā* no existe, y su situación es completamente perfecta. El deber de la entidad viviente, como parte integral del todo, es ofrecer servicio devocional al todo. Esa es la perfección suprema de la vida.

CAPÍTULO 3

LA MEDITACIÓN *MANTRA-YOGA*

abhyāsa-yoga-yuktena
cetasā nānya-gāminā
paramaṁ puruṣaṁ divyaṁ
yāti pārthānucintayan

Aquel que medita en Mí como Suprema Personalidad de Dios, con la mente constantemente dedicada a recordarme a Mí y que no se aparta del sendero, él, ¡oh, Partha!, es seguro que llega a Mí.

(*Bhagavad-gītā* 8.8)

La civilización védica es la cultura modelo en cuanto a los distintos procesos de meditación. Por definición, entendemos por meditación un estado en el cual la mente queda saturada de conciencia de Dios.

Entre todos los procesos para alcanzar ese estado meditativo, donde la mente está saturada de conciencia de Dios, el método más recomendado es la práctica del mantra Hare Kṛṣṇa.

HARE KṚṢṆA

HARE KṚṢṆA

KṚṢṆA KṚṢṆA

HARE HARE

HARE RĀMA

HARE RĀMA

RĀMA RĀMA

HARE HARE

EL *MAHĀ-MANTRA* HARE KṚṢṆA

La palabra mantra proviene del sánscrito y está compuesta por la sílaba *man* que proviene de *manasā* y significa mente, y *tra*, que proviene de *trāyate* y significa liberar. Así que mantra es un sonido que libera la mente al cantarlo repetitivamente.

En la cultura védica existen muchos mantras que al vibrarlos elevan la conciencia al plano espiritual, pero de todos ellos, el Hare Kṛṣṇa *mahā-mantra* es el más potente. Por este motivo se le llama «*mahā*» o «el más grande».

La vibración trascendental que se establece mediante este *mahā-mantra*, Hare Kṛṣṇa, Hare Kṛṣṇa, Kṛṣṇa Kṛṣṇa, Hare Hare/ Hare Rāma, Hare Rāma, Rāma Rāma, Hare Hare, es el método más sublime para revivir nuestra conciencia de Kṛṣṇa. Como almas espirituales, todos somos originalmente entidades conscientes de Kṛṣṇa, pero debido a nuestra relación con la materia desde tiempos inmemoriales, nuestra conciencia está ahora contaminada por la atmósfera material. La atmósfera material en la cual estamos viviendo ahora es llamada *māyā* o ilusión. *Māyā* significa «aquello que no es».

¿Y qué es esa ilusión? La ilusión es que estamos tratando de ser señores de la naturaleza material, cuando en realidad estamos bajo el peso de sus leyes severas. Cuando un sirviente trata artificialmente de imitar al amo Todopoderoso, eso se llama ilusión. En este concepto de vida contaminada, todos tratamos de explotar los recursos de la naturaleza material, pero en realidad nos estamos enredando más y más en sus complejidades. Por lo tanto, aunque estamos ocupados en un duro esfuerzo por conquistar la naturaleza, somos cada vez más dependientes de ella. Este esfuerzo ilusorio contra la naturaleza material puede ser detenido de inmediato al revivir nuestra conciencia de Kṛṣṇa.

La conciencia de Kṛṣṇa no es una imposición artificial en la mente, esta conciencia es la energía original de la entidad viviente. Cuando escuchamos la vibración trascendental, esta conciencia es revivida y este proceso es recomendado para esta era por las autoridades. También, por la experiencia práctica, uno puede percibir que por cantar este *mahā-mantra* o el Gran Canto para la Liberación, uno puede de inmediato sentir un éxtasis trascendental viniendo del estrato espiritual. Y cuando se está de hecho en el plano espiritual, sobrepasando los estados de los sentidos, mente e inteligencia, uno está situado en el plano trascendental. Este canto, Hare Kṛṣṇa, Hare Kṛṣṇa, Kṛṣṇa Kṛṣṇa, Hare Hare/ Hare Rāma, Hare Rāma, Rāma Rāma, Hare Hare, está establecido directamente en la plataforma espiritual, de esa forma, esta vibración trascendental sobrepasa todos los estratos bajos de conciencia sensorial, mental e intelectual; por lo tanto, no hay necesidad de entender el lenguaje del mantra, ni tampoco hay necesidad alguna de especulación mental o ajuste intelectual para cantar este *mahā-mantra*. Brota automáticamente de la plataforma espiritual y como tal, todos pueden tomar parte en el canto sin cualificación alguna y bailar en éxtasis.

El Señor Caitanya es el ejemplo perfecto de alguien que se encuentra en esa etapa. Cuando Él escuchaba el *mahā-mantra*, lágrimas incesantes fluían de Sus ojos, los vellos del cuerpo se Le erizaban y todos los demás síntomas de la devoción pura se manifestaban en Él.

Para que el mantra tenga su efecto debe ser recibido del *paramparā* (especialmente del maestro espiritual fidedigno en el momento de la iniciación).

CÓMO CANTAR EL MANTRA

Si abren su corazón
sabrán a lo que me refiero,
hemos estado contaminados por mucho tiempo
pero he aquí una manera en la que
podemos limpiarnos.
Canten los nombres del Señor y
se verán libres,
el Señor está esperando que todos
ustedes despierten
y vean.

«*Esperándolos a todos ustedes*», George Harrison
del álbum *Todas las cosas tienen que pasar*

Existen tres maneras de cantar, una se llama *kīrtana*, la cual se hace con instrumentos y en voz alta. (Cuando el *kīrtana* tiene dos o más participantes se denomina *saṅkīrtana* que significa «canto en conjunto»).

La otra manera se llama *bhajan*; se realiza en forma melodiosa y también se acompaña con instrumentos. La tercera es la *japa* que significa canto repetitivo en voz baja (audible para uno mismo).

Este tercer método de meditación se practica con un rosario que recibe el nombre de *japa mala,* o sea guirnalda *(mala)* de canto repetitivo *(japa).*

En la Asociación Internacional para la Conciencia de Krishna, nuestro fundador-*ācārya,* A. C. Bhaktivedanta Swami Prabhupāda, nos enseñó que un estudiante estándar situado en la plataforma *sādhaka* (estudiante que tiene una rutina regular de práctica), debería cantar un mínimo de dieciséis rondas del rosario de 108 cuentas por día.

Alentamos a quienes comiencen esta práctica de meditación, que gradualmente alcancen dicho estándar. Si alguien no está situado en el nivel de poder cantar 16 vueltas, no debería desanimarse. Al comienzo, uno puede hacer el voto de cantar una, dos o tres vueltas, etc. Por la vinculación con otros practicantes, todos, en el debido curso del tiempo, podremos alcanzar esta etapa y luego seguir avanzando hasta revivir nuestra espiritualidad y nuestro amor puro por Dios.

USO DE LA JAPA

Cuando cante solo es mejor que lo haga en rosarios *(japa)*, de meditación (disponibles en las direcciones que se dan al final del libro). Esto no solo lo ayudará a fijar su atención en el santo nombre; sino que también, a contar la cantidad de veces que canta el *mahā-mantra* diariamente. Cada rosario tiene 108 cuentas pequeñas y una grande que es la principal. Comience con la cuenta más próxima a la principal y muévala con suavidad entre los dedos pulgar y mayor de su mano derecha mientras recita el mantra completo. Entonces pase a la siguiente cuenta y repita el proceso. De esta manera, cante en cada una de las 108 cuentas hasta que llegue otra vez a la principal. A esto se le llama «ronda de *japa*». Luego, sin cantar en la cuenta principal, gire el rosario de tal manera que la última cuenta en la que cantó sea la primera de su segunda ronda.

DURACIÓN DE UNA RONDA

El tiempo ideal de una ronda (108 *mahā-mantras*) es entre 5 y 7.5 minutos, aunque al principio puede tomar más tiempo, como 10 o 15 minutos por ronda. Lo importante es proferir y escuchar bien cada palabra.

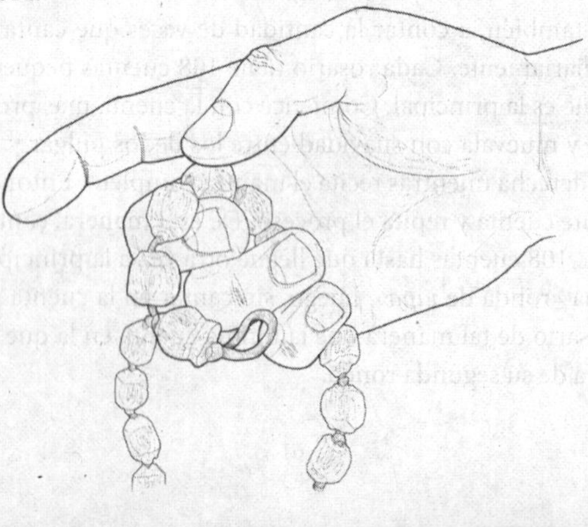

HORARIOS Y LUGARES FAVORABLES PARA CANTAR

Todos los horarios y lugares son buenos para cantar, pero recomendamos el horario de *brāhma-muhūrta* (una hora y media antes del amanecer) y hacerlo en un lugar favorable para el cultivo espiritual; como por ejemplo, delante de un altar en nuestro hogar, en un templo o en el campo.

Existen 3 niveles en el canto del *mahā-mantra:*

1.- El canto en estado puro.
2.- El canto en la etapa reflexiva.
3.- El canto en la etapa ofensiva.

Al comienzo, el principiante puede que cante en una modalidad ofensiva, o sea con una mentalidad inapropiada. La práctica del canto es completamente bienaventurada, pero, debido a nuestra conciencia contaminada, el dulce sabor del *mahā-mantra* se ve obstaculizado. A fin de obtener la meta última y percibir tal dulzura, el practicante neófito comienza a evitar las diez ofensas, que son la raíz de esa falta de gusto por el *mahā-mantra*. Dicha etapa se llama «reflexiva». Finalmente, está la etapa de canto en estado puro, llegar es la meta, sin embargo es muy difícil de alcanzar y depende de nuestro sincero esfuerzo y de la misericordia de Kṛṣṇa poder llegar a ella.

Lo hemos visto en la práctica, incluso un niño puede tomar parte en el canto. Por supuesto, a quien está muy enredado en la vida material le toma un poco más de tiempo llegar a la meta, pero incluso tal hombre burdamente materialista es elevado muy rápidamente a la plataforma espiritual.

Cuando el mantra es cantado por un devoto puro del Señor, tiene la mayor eficacia sobre los oyentes y como tal, este canto debería ser escuchado de labios de un devoto puro del Señor, y así se podrán alcanzar efectos inmediatos.

SIGNIFICADO DE LAS PALABRAS DEL *MAHĀ-MANTRA* HARE KṚṢṆA

La palabra *hara* es la forma de dirigirse a la energía del Señor y las palabras *kṛṣṇa* y *rāma* son formas de dirigirse al Señor Mismo. Ambos, *kṛṣṇa* y *rāma* significan «el supremo atractivo» y *hara* es la suprema energía de placer del Señor, cambiando a *hare* en el vocativo. La suprema energía de placer del Señor nos ayuda a alcanzar al Señor.

La energía material, llamada *māyā*, es también una de las múltiples energías del Señor y nosotros, las entidades vivientes, también somos la energía marginal del Señor. Las entidades vivientes son descritas como superiores a la energía material. Cuando la energía superior está en contacto con la energía inferior, surge una situación incompatible, pero cuando la energía superior marginal está en contacto con la energía superior, llamada *hara*, la entidad viviente se establece en su condición feliz y normal.

Estas tres palabras —*hare, kṛṣṇa* y *rāma*— son las semillas trascendentales del *mahā-mantra*. El canto es un llamado espiritual al Señor y a Su energía interna *hara* para que le brinden protección al alma condicionada. Este canto es exactamente como el llanto genuino de un niño que llama a su madre. Madre *hara* ayuda al devoto a obtener la gracia del padre Supremo Hari o Kṛṣṇa, y el Señor se revela al devoto que canta este mantra con sinceridad.

Por lo tanto, ningún otro medio de iluminación espiritual es tan eficaz como cantar el *mahā-mantra*: Hare Kṛṣṇa, Hare Kṛṣṇa, Kṛṣṇa Kṛṣṇa, Hare Hare/Hare Rāma, Hare Rāma, Rāma Rāma, Hare Hare.

EL AUTOR

Nació en 1896, en Calcuta, India. Él conoció a su maestro espiritual, Śrīla Bhaktisiddhānta Sarasvatī Ṭhākura, en Calcuta en 1922. Śrīla Bhaktisiddhānta Sarasvatī Gosvāmī, el erudito y devoto más destacado de su época, había fundado el Gauḍīya Maṭha (un instituto védico con 74 centros en toda la India). A él le agradó este educado joven y lo convenció para que dedicara su vida a la enseñanza del conocimiento védico. Śrīla Prabhupāda se volvió su seguidor, y once años después, en 1933, en Allahabad, se convirtió en su discípulo formalmente iniciado.

En su primer encuentro, en 1922, Śrīla Bhaktisiddhānta Sarasvatī Ṭhākura le pidió a Śrīla Prabhupāda que difundiera el conocimiento védico en el idioma inglés. En los años siguientes, Śrīla Prabhupāda escribió un comentario sobre el *Bhagavad-gītā*, el texto védico más importante, y ayudó a la Gauḍīya Maṭha en sus labores. En 1944, sin ninguna ayuda, comenzó una revista quincenal en inglés llamada *Back to Godhead* (publicada en español como *De Vuelta al Supremo*). La redactaba y pasaba a máquina los manuscritos, revisaba las pruebas e incluso distribuía gratuitamente los ejemplares de la misma, y hacía grandes esfuerzos por mantener la publicación.

La Sociedad Gauḍīya Vaiṣṇava, reconociendo la erudición filosófica y la devoción de Śrīla Prabhupāda, lo honró en 1947 con el título de Bhaktivedanta. En 1950, a la edad de 54 años, Śrīla Prabhupāda se retiró de la vida familiar. Cuatro años después adoptó la orden de retiro (*vānaprastha*) para consagrarle más tiempo a sus estudios y escritos, y poco después viajó a la sagrada ciudad de Vṛndāvana. Allí vivió en un pequeño cuarto del histórico templo de Rādhā Dāmodara y durante varios años se dedicó a escribir y a estudiar profundamente. En 1959 adoptó la orden de la vida de renuncia (*sannyāsa*). En Rādhā Dāmodara, Śrīla Prabhupāda escribió *Viaje fácil a otros planetas* y comenzó la obra maestra de su vida: una traducción y comentario del *Śrīmad-Bhāgavatam,* —la crema de las Escrituras védicas—, una colección de libros que consta de dieciocho mil versos.

Después de publicar tres volúmenes del *Bhāgavatam*, Śrīla Prabhupāda fue a los Estados Unidos en 1965, a cumplir con la misión dada por su maestro espiritual. Desde ese entonces escribió unos ochenta volúmenes de traducciones, comentarios y estudios resumidos autoritativos de las obras clásicas, filosóficas y religiosas de la India. Cuando Śrīla Prabhupāda arribó por vez primera a la ciudad de Nueva York, en un buque de carga, se encontraba prácticamente sin un centavo. Pero después de casi un año de grandes dificultades, fundó la Asociación Internacional para la Conciencia de Krishna, en julio de

1966. Hasta antes de su muy lamentable partida, acaecida el 14 de noviembre de 1977, él dirigió la Asociación, la vio crecer y convertirse en una confederación mundial con más de 100 *āśramas*, escuelas, templos, institutos y comunidades agrícolas.

En 1975 se inauguró en Vṛndāvana, India, el magnífico templo Kṛṣṇa-Balārama y la Casa Internacional de Huéspedes. En 1978 se inauguró en la playa Juhu, en Bombay, un complejo cultural de dos hectáreas formado por un templo, un moderno teatro, una casa de huéspedes y un restaurante vegetariano. Quizá el proyecto más osado de Śrīla Prabhupāda es una ciudad de 50 000 residentes planeada para Māyāpur, Bengala Occidental. Śrīdhāma Māyāpur será un modelo ideal de una vida védica, que se menciona en los *Vedas*, la cual tiene como objetivo satisfacer las necesidades materiales de la sociedad y brindarle la perfección espiritual. Śrīla Prabhupāda le dio además a occidente el sistema védico de educación primaria y secundaria. El *gurukula* («la escuela del maestro espiritual») comenzó en 1972 y actualmente cuenta con cientos de estudiantes y muchos centros alrededor del mundo.

Sin embargo, la contribución más significativa de Śrīla Prabhupāda la constituyen sus libros. La comunidad académica los respeta por su autoridad, profundidad y claridad, y los ha convertido en libros regulares de texto en numerosos cursos universitarios. Además, las traducciones de los libros de Śrīla Prabhupāda aparecen en más de 35 idiomas. The Bhaktivedanta Book Trust, establecido en 1972 principalmente para publicar sus obras, se ha convertido en el mayor distribuidor de libros en el mundo entero, en el campo de la religión y la filosofía de la India. Entre sus proyectos más importantes estuvo la publicación del *Śrī Caitanya-caritāmṛta*, una obra bengalí clásica. Śrīla Prabhupāda hizo la traducción y el comentario de sus dieciocho volúmenes en apenas dieciocho meses. A pesar de su avanzada edad, Śrīla Prabhupāda viajó alrededor del mundo catorce veces en sólo doce años, en giras de conferencias que lo llevaron a los cinco continentes. Pese a un itinerario tan vigoroso, Śrīla Prabhupāda continuaba escribiendo prolíficamente. Sus escritos constituyen una memorable biblioteca de la filosofía, la religión y la cultura védica.

NOTA ACERCA DE LAS PALABRAS SÁNSCRITAS TRANSLITERADAS

Las **vocales** se pronuncian aproximadamente como en español, excepto que hay vocales cortas y vocales largas. Estas últimas llevan una raya encima. Las vocales cortas son más breves que en español. Las vocales largas tienen el doble de duración que las vocales cortas. La vocal **ṛ** se pronuncia **ri**.

Las **consonantes** se pronuncian casi todas como en español con estas excepciones: cuando van seguidas de una **h (kh, gh, ch, jh, th, dh, ph, bh)** son aspiradas, es decir, se pronuncian emitiendo con cierta fuerza el aire de la garganta. La **g** se pronuncia como la **g** de **g**oma. La **c** se pronuncia como la **ch** de **ch**ino. La **j** se pronuncia como una **ll** fuerte. La **y** se pronuncia como la **i** de **i**onósfera. La **ll** se pronuncia como la **l** en so**l**. La ś y la ṣ se pronuncian como una **sh** suave, así como en la sílaba **sha**. La **h** es aspirada.

Una cordial invitación

Visite nuestros ***aśramas*** **(comunidades espirituales)**

Lo invitamos a conocer y participar de las actividades que realizan los integrantes de la Asociación Internacional para la Conciencia de Krishna (ISKCON), en sus distintas sedes alrededor del mundo.

- Prácticas de *bhakti-yoga* (servicio devocional).
- Estudio de la filosofía de los *Vedas.*
- Alimentación lacto-vegetariana.
- *Kīrtanas*, canto congregacional.
- Música, mantras y meditación.

Charlas acerca del *Bhagavad-gītā tal como es*, música devocional y un suntuoso banquete vegetariano totalmente gratuito, y usted está cordialmente invitado a venir a disfrutar con nosotros.

Para confirmar las direcciones de los templos y centros visite:
www.bbtcomunica.com/contacto

ISKCON - ASOCIACIÓN INTERNACIONAL PARA LA CONCIENCIA DE KRISHNA

ARGENTINA
ISKCON Argentina: Ciudad de la paz 394, Colegiales, CABA (1426) www.iskcon.com.ar, e-mail: info@iskcon.com.ar, Tel: (011) 45540113
Naturaleza Divina (Restaurante, instituto y centro de yoga) e-mail: nat.div@gmail.com
En el interior del país:
mendoza@iskcon.com.ar
sanluis@iskcon.com.ar
cordoba@iskcon.com.ar
mardelplata@iskcon.com.ar
glew@iskcon.com.ar

BOLIVIA
Cochabamba: Los Sauces 1122, Tiquipaya. Tel.: 00 591 (44) 70610864.
La Paz: Av. Mariscal Santa Cruz esq. Loayza, Galeria Subterráneo, Local 03.

COLOMBIA
Bogotá: Centro Bhaktivedanta, Cr 8 40 B-15, Local 01.
Tel: + 0057 3004669107 / 313856092
Centro Krsna Kanta. Tel.: + 00571 5333410. Cel: + 0057 3113836910.
Cali: Casa de Krsna: Corregimiento la Buitrera Km 3, Callejón puesto de salud, Villa garuda. Tel.: + 00572 3259797. Cel: + 0057 3153933885.
Medellín: Centro Jaydharma. Cel: + 0057 3148898708. Email: javierapatino@yahoo.com
Pereira: Centro New Mayapur Dham. Cel: + 0057 3174776792 / 3176752799. Email: madhusudanirupa.jps@hotmail.com

COSTA RICA
Dir. Los yoses, San Pedro, 200 m sur pequeño mundo, San José, Costa Rica. Telefono: +506 88-30-60-87
Fb: ISKCON Costa Rica

CHILE
Santiago: José Miguel Carrera 330 (Metro Los Héroes) - Santiago Centro. Tels.: +56 (2) 697 9264/ 699 0025.
Web: www.harekrishna.cl/ www.iskcon.cl.
Email: contacto@iskcon.cl.

ECUADOR
Guayaquil: 6 de Marzo 226 y Víctor Manuel Rendón. Tel.: +593 (4) 2563243.
Email: gurumangaladas@hotmail.com
Ayampe: Com. Rural «Nueva Mayapur» (contactar en Guayaquil).
Cuenca: Comunidad Rural «Giridharidesh», Chordeleg. C.P. 01.05.1811.

EL SALVADOR
Santa Tecla, La Libertad: 8a. Avenida Norte # 2-4. Tel.: (503) 22882900.

ESPAÑA
Barcelona: Centro Cultural - Pça. Reial 12, entl. 2ª 08002 Barcelona.
Tel.: +34 933 025 194.
Web: www.krishnabcn.com
Email: templobcn@gmail.com
Brihuega, Guadalajara: Nueva Vrajamandala - Finca Sta. Clara 19400 Brihuega, Guadalajara.
Tel.: +34 949 280 436.
Churriana, Málaga: Centro Cultural - Ctra. de Álora 3, int. 29140 Churriana, Málaga. Tel.: +34 952 621 038. Web: www.harekrishnamalaga.com
Madrid: Centro Cultural - c/Espíritu Santo 19, bajo izq. 28004 Madrid.
Tel.: +34 915 213 096.
Tenerife: C.C. Palmeras del Sur, 7-9 / C. Gran Bretaña, 2 / 38660 San Eugenio - Adeje / Santa Cruz de Tenerife / Tel.: 922 715 384 / 635 172 411 / Email: harekrishnats@gmail.com / www.harekrishna.es/templos/tenerife
Valencia: Avda. Blasco Ibañez 11, bajo / 46920 Mislata / Valencia.
Tel.: 644 409 386 - 600 268 662 / contacto@harekrishnavalencia.com
www.harekrishnavalencia.com

GUATEMALA
Boutique «Radha Govinda». 5ª Calle 8-69 Zona 1. Tels.: +502 2232-5338 / 4995-9304 Atiende Subhadra Devi Dasi.

HONDURAS
Tegucigalpa: Colonia Alameda entre calle 10 y 11, edificio Tony Sierra, casa # 1211.
Tel.: +504 9997-3744
Correo: Lorenlopez2004@yahoo.com
Restaurante Hare Krsna: Calle La Ronda (lunes a sábado de 8 a 16 hs.).

ESTADOS UNIDOS DE NORTEAMÉRICA
Los Ángeles, California: 3764 Watseka Ave., 90034, Los Ángeles.
Tel.: +1 (310) 836-2676.
Miami, Florida: 3220 Virginia St., 33133 Miami. Tel.: +1 (305) 442-7218.
Nueva York, Nueva York: 305 Schermerhorn St., 11217 Brooklyn.
Tel.: +1 (718) 855-6714.

MÉXICO
Cuerámaro, Guanajuato: Instituto Latinoamericano de Artes y Estudios Védicos, Finca Nueva Bahulavana, Rancho la Esperanza, km 35.5 de la carretera Cuerámaro-Manuel Doblado
Fb: Colegio Bhaktivedanta de México

Durango: Calle Bravo 212, B° de tierra blanca 34, 139. Tel.: +52 (55) 1007 9217 Fb: ISKCON Durango.
Guadalajara: Nueva Nilacala Mandir. Tel.: (33) 3615 3127, Pedro Moreno 1791, Sector Juárez, Jalisco.
Guadalajara: Vrndavan, Pablo Villaseñor 25. Tel.: 01 33 3331 1553. Fb: Vrndavan Deli
León, Guanajuato: Dir. Calle Río Blanco #216, Colonia San Nicolás, C. P. 37480. Tel.: 01 (477) 712 8169
Cels.: (477) 1840811 / (477) 160 3571. Fb: Colectivo Hare Krsna León.
León, Guanajuato: Justo Sierra 343, Zona Centro C.P 37000.
México D.F.: Gob. Tiburcio Montiel 45, Colonia San Miguel, Chapultepec C.P. 11850. Tel.: +52 (55) 5272-5944. Web: www.krishnamexico.com
Monterrey: Matamoros 1050, Barrio Antiguo. Tel: (52) 81 8340 7561. Fb: Centro Cultural Hare Krishna Monterrey.
Querétaro: Calle Ricardo Flores Magón N° 19 Colonia Estrella Querétaro. Tel.: 442-2145476
Email: queretarobhaktiyoga@gmail.com. Fb: Bhakti Yoga Querétaro.
Restaurante Queretaro:
Email: tushtyfood@gmail.com
Saltillo, Coahuila: Boulevar Saltillo 520, Colonia Bs As. Tel.: +52 (844) 417-8752.
Tijuana: Emeterio Gonzales #6332-A C.P. 22055 Tijuana, Baja California, México. Tel.: (+52) 664 622 9101
Fb: ISKCON Tijuana.
Tulancingo: Centro Cultural Bhaktivedanta. Av. Juárez norte 613, col. Centro C.P.: 43600. Tel.: 01 775 974 2293.
Fb: Centro Cultural A.C. Bhaktivedanta.
Tulancingo, Hidalgo: Francisco Villa 25, Col. Huapalcalco.
Tel.: +52 (775) 114 5364.
Uruapan: Tel.: 452 114 1678.
Fb: Inteligencia Espiritual ISKCON Uruapan.

NICARAGUA

Colonia 1° de mayo. Casa D-959.
Tels.: (+505) 8823-1927 Aleida Sobalvarro (Aradia Devi Dasi) / (+505) 8659-8080 Ramai Das. Fb: ISKCON Nicaragua

PANAMÁ

Panamá City: Villa Zaita, Las Cumbres, Casa Nº 10. Frente a INPSA. Tel.: +507 396-33 41. Email: Temploiskcopnama@hotmail.com. Fb: ISKCON Panama Templo.

PARAGUAY

Asunción: Nuestra Señora de Asunción 840, Asunción.

PERÚ

Arequipa: Santa Catalina 120, Cercado. Tel.: +51 (54) 256875. Cel.: 980170988.
Puno: Deustua N° 310. Tel.: +51 351948. Cel.: 951628088.
Cuzco: Restaurante Gourmet Vegetariano Tulasi. Av. Tomasa Tito Condemayta 1105, Wanchaq-Cuzco. Telefono 084-594569.
Cuzco: Restaurante «Govinda». Sathy 584, Cusco. Tel.: 084-790687/ 084-439298 / 084-221227.
Cuzco (Machupicchu): Restaurante «Govinda». Aguas Calientes. Tel.: +51 (84) 685-899.
Chiclayo: Restaurante «Govinda». Calle Vicente de la Vega 982. Tel.: +51 (74) 286159 - 223391.
Cel.: 074 979509454.
Huánuco: Jr. General Prado 608. Tel.: +51 (62) 513868.
Lima: Pasaje Solea 101, Santa Maria-Chosica (Carretera Central Km. 32, frente a la curva que baja a La Cantuta).
Tel.: +51 (1) 360-0765/ 693-5041/ 360-0886
Lima: Avenida Garcilazo de la Vega 1670-1680. Tel.: +51 (1) 4319920.
Puno: Restaurante «Govinda». Esq. Arequipa y Deustua.
Tel.: +51 (54) 365-800.

PUERTO RICO

Gurabo: Nueva Colina Govardhan, Carr. 181 km. 16.3, BArrio Santa Rita, Gurabo. PR 00778. Tel: +1(787) 737-4265.

REPÚBLICA DOMINICANA

Santo Domingo: Asís N° 73, Alma Rosa I, Santo Domingo Este. Tel.: +1(809) 597-5078.

URUGUAY

Uruguay: iskcon.montevideo@gmail.com

VENEZUELA

Caracas: Avenida de los Próceres y Calle la Marquesa del Toro. Quinta Hare Krishna, San Bernardino.
Tel.: +58 (212)55 01 818.

WEB

Escuela Vaishnava Online:
— Cultura del Bhakti —
Web: www.culturadelbhakti.com
Email: culturadelbhakti@gmail.com